14歳からの文章術

河合塾現代文講師
小池陽慈

笠間書院

はじめに

日記、作文、読書感想文、願書、レポート、報告書、企画書……執筆を職業とする人でなくとも、僕たちはライフステージの各段階において、皆、〝文章を書く〟という営みに取り組みます。いわんや、ＳＮＳ等のメディアも発達した現代においては、かつてにくらべ、個々人が情報の発信者――つまりは文章の書き手となる機会も飛躍的に増えたはずです。

一方で、実際には多くの方々が、この、〝文章を書く〟という営みに苦手意識を抱えているのも事実です。

例えば、知り合いに「社会人のための文章講座」を個人で開講し、自ら添削講師を務める先輩がいるのですが、彼いわく、講座の需要は予想した以上にあるとのことで、依頼される添削の量の多さにいつも頭を抱えていました。文章に苦手意識を持っていないなら、誰も、こうした講座を受講しようとは思わないでしょう。

あるいは僕は以前、いわゆるリメディアル教育のようなものの一環として、すでに大学に合格を決め進学をひかえた高校生に文章の書き方を指導する、という仕事を、数年間、担当したことがあります。こちらもすこぶる盛況で、運営サイドは、添削者の不足をしばしば嘆いていました。そしてそこで依頼された答案の多くは――あまり詳しくは言えませんが――、〝文章を書く〟ということに四苦八苦していることを克明に物語っていました。

また、僕は予備校講師をなりわいとする人間ですが、かつて中学生を指導していた際には、一般の国語の授業のみならず、作文講座も担当していました。10年ほど前から大学受験指導にシフトしましたが、そこでも現代文をメインで教えつつ、小論文の講座を受け持ったことも一度や二度ではありません。そしてそうした授業を通じて、数えきれないほどの、〝文章を書くことが嫌いで嫌いでたまらない生徒たち〟と出会ってきたわけです。

白紙の原稿用紙を前にして、ひたすらにうなるだけの〝作文嫌い〟の生徒たち。彼らに対して、僕はどのような方法をもって指導にあたってきたのか。

いわゆる小説や詩などの文学的な文章ではなく、あるいは研究者の書くような学術論文でもなく、僕たち一般の人間が、**論理的な文章**を綴《つづ》るうえで範とすべきモデル。誰もが、それさえ知っていれば、文章を書くことの苦痛を少しでも和らげることができる――いや、〝文章を書く〟という営みそれ自体を、楽しく思えるような方法。

添削指導を通じながら、はたまた、学習塾での作文講座、予備校での小論文講座なども担当しながら、僕が常に意識していたのは、大学時代の恩師、市毛勝雄先生のご講義、そしてご著書でした。

市毛先生のご授業「国語科教育法」（僕は教育学部国語国文科出身です）では、毎回400字詰め原稿用紙一枚の作文を提出することが求められました。先生のご提唱なさるメソッドにのっとって、文書を書く。それを提出し、添削していただく。返却されたものを修正し、「優」か「良」を頂戴するまで再提出する――この一連のプロセスを通じ、〝文章を書く〟ということ、そしてそれをいかにして他者に教え、指導するのかということを学ぶわけです。そしてそのメソッドを勉強するためのバイブルが、先生のご著書、『間違いだらけの文章作法』（明治図書一九八六年初版）でした。

作文や小論文において、僕の指導の根っことなるのは、つねにこの〝市毛メソッド〟です。本書もまた、そこをベースとして著した一冊になります。

もちろん、先生のご指導そのままというわけではなく、その後約20年、教壇に立ち続けてきた経験から得た知見もおおいに反映されていますし、あるいは、他の方法や観点についても、「これは！」と思うものについては、どん欲に取り込んできました。

けれどもやはり、僕の指導の核には、先生のお教えが不動のものとしてある。

それは当然、僕の指導経歴を通じ、先生のメソッドの汎用性の高さ、そしてその抜群の効果を実感したからです。実際に、数多くの〝作文嫌い〟の生徒たちが、先生のご提唱なさる方法によって、救われてきたのをじかに見てきたからです。

その〝方法〟を、より多くの人々と共有したい。

たくさんの方々に、〝文章を書く〟ことの楽しみを知ってほしい。

そのような思いを込めて、本書を執筆しました。

願わくは、本書をお読みになった皆さまが、「ああ、早く鉛筆を握りたい！」「今すぐパソコンを開いて、何かを書いてみたい！」と思ってくださいますことを。

なお、不肖の生徒ゆえ、先生のお教えを正しく理解し、実践することが、もしかしたらできていないところもあるかもしれません。あるいは、何かしらの曲解が混ざっている可能性も否定できません。言うまでもないことですが、本書における指導法に何かしら瑕疵《かし》があったなら、その責は、ひとえに僕のみに帰するものであって、先生の素晴らしい業績や実践を汚すものではありません。念のため、その旨は付記しておきたく思います。

二〇二〇年　夏

著者

第1部 構成編

第2部
表現編

14歳からの文章術

第1部 構成編

01 論理的な文章って？ 1

case 1
石井さん
高校生女子

石井 先生、今日はちょっと相談があるのですが……。

小池 お、石井さんこんにちは。ん？ 何か悩《なや》んでいるのかな？

石井 悩みも悩みですよ……なにしろ私の一生がかかっているかもしれないんですから。

小池 というと。

石井 志望大学の願書を出さないといけないんですけれど……。

小池 お！ それは大変だ！

石井 そこで、200字以内で「自己PR書」を記入しなくちゃいけないんですね。で、いろいろ書いてはみたんですけど……。

小池 けど？

石井 なんだかどれも、しっくりこなくて。

小池 なるほど。今日は書いたもの持ってきた？

石井 とりあえず、今のところの〝自信作〟を……いや、自信はないんですけど……。

小池 お、どれどれ？

【文章１】

私は青原高等学校の生徒会で副委員長を務めました。部活動では新聞部に所属し、たくさんの記事を書きました。文化祭ではクラスの催《もよお》しに積極的に参加し、ソプラノのソロパートを担当した合唱コンクールでは、見事銀賞をとることができました。友人もたくさんいて、担任の先生からも、「石井は人望がある」とほめられました。これまでのところ、無遅刻《むちこく》無欠席です。貴校でも高校生のとき以上に充実した四年間を過ごしたく思います。

（１９９字）

皆《みな》さんは、この石井さんの「自己ＰＲ書」を読んで、どのように感じましたか？「なんだかいろいろなことがあれこれ書かれているなぁ」と思われたのではないでしょうか。と同時に、「でも、結局何をアピールしたいのか、よくわからないなぁ」とも。

確かに「自己ＰＲ書」であるわけですから、自分のアピールポイントになるようなことはなんでもかんでも盛り込《こ》みたいという気持ちはわかります。そうすれば、とりあえず字数も埋《う》まりますし。けれども、結果として石井さんの文章は、〈全体を通じて何をアピールしたいのかが不明瞭《ふめいりょう》〉になってしまっている。では、どうすればいいのでしょうか？　より効果的な「自己PR書」にするためには、いったいどのような修正が必要なのでしょうか？
それにお答えする前に、皆さんに、次の【文章2】を読んでいただきます。そしてできれば、ただ読むだけではなく、石井さんの文章と何が違《ちが》うのか、それを考えたりメモしたりしてみてください。

【文章2】

私は新聞部に所属しています。そこで「部活動紹介《しょうかい》」という連載《れんさい》を担当したのですが、練習時間がとられることを嫌《いや》がり、取材に非協力的な部活もありました。また、わが校は部活動が盛んで数多くの部活があるのですが、そのすべてを取材するのは本当に大変です。しかし私は、この仕事を最後までやりとげました。このように、私の長所は努力を継続《けいぞく》することができることです。この粘《ねば》り強さを、

貴校での学びでもぜひ発揮したく思います。

（200字）

どうでしょう？

もちろんいろいろご意見はあると思いますが、ただ、石井さんの文章に比べたら、明らかに説得力のある、まさに自己をアピールするにふさわしい内容と感じられたのではないでしょうか？

では、二つの文章は、いったい何が違うのか。

それを明らかにするために、まずはこの**【文章2】**について、少し分析《ぶんせき》してみたいと思います。

実はこの**【文章2】**、意味や役割という観点から、いくつかのグループに分けることができます。

まず、この文章の中で、書き手がいちばん言いたかったこと（＝**主張**）は何であるかを考えましょう。ヒントは、これが入試の願書に書く「自己PR書」だということです。そう。どのような入試だろうが、願書の「自己PR書」で最も強調したいことは、当然「自分にはこんな長所があります」というアピールと、「自分は絶対に貴校に入学したいです！」という強い思いであるはずです。もちろん**【文章2】**でいうなら、それに該当《がいとう》するのが文章の着地点、すなわち、

このように、私の長所は努力を継続することができることです。この粘り強さを、貴校での学びでもぜひ発揮したく思います。

ということになりますね？　つまりはこの文章を意味や役割という観点からいくつかのグループに分ける際、まずはっきりと確認《かくにん》できるのが、

〈主張〉＝

このように、私の長所は努力を継続することができることです。この粘り強さを、貴校での学びでもぜひ発揮したく思います。

という点であるわけです。

次に、この〈主張〉に該当する叙述《じょじゅつ》の「努力を継続することができる」、あるいは「この粘り強さ」という表現に着目しましょう。そしてさらにそれ以外の部分、すなわち、

そこで「部活動紹介」という連載を担当したのですが、練習時間がとられることを嫌がり、取材に非協力的な部活もありました。また、わが校は部活動が盛んで数多くの部活があるのですが、そのすべてを取材するのは本当に大変です。しかし私は、この仕事を最後までやりとげました。


という記述を再度確認してみてください。この「新聞部」での活動を具体的に紹介するパートは、この文章の中で、はたしてどのような役割を持つのか？

逆に考えてみましょう。

例えば皆さんがこの文章の読み手——すなわち入学試験における採点者であったなら、ただただ「私は粘り強いです」とか「努力を継続できます」と書いてある書類を見て、「ああ、この子は確かに粘り強いのだろうなぁ」とか「うん！　この子ならわが校に入学しても、きっと努力を継続することができるだろう！」などと思いますか？　おそらく、まったく思えないでしょう。

なぜか？

それは、単なる「私は粘り強いです」とか「努力を継続できます」の反復、すなわち**〈主張〉**の繰《く》り返しには、読み手を説得するだけの何かが決定的に欠けているからですね。では、その欠けているものとは何か。

もうおわかりだと思います。

そう。

何らかのことを**〈主張〉**して相手を説得するには、**〈なぜそう言えるのか〉〈どうしてそのように主張するのか〉**などの、いわば**〈主張の正しさを証明するための証拠《しょうこ》〉**が必要なのです。本書では、そのような**〈主張の正しさを証明するための証拠〉**のことを、**〈論拠《ろんきょ》〉**と呼ぶことにします。

書き手がどれだけ熱を込めて「私は粘り強いです」とか「努力を継続できます」とか繰り返したとしても、〈私＝粘り強い〉という〈**主張**〉が正しいものであることを証明する〈**論拠**〉がなければ、読み手は基本的に、納得《なっとく》などしない。そしてもちろんこの文章においては、「そこで『部活動紹介』という連載を担当したのですが……」から始まる具体的な記述こそが、そうした〈**主張**〉を読者に納得させるための〈**論拠**〉になっている。だって、「取材に非協力的な部活」があったり、「数多くの部活がある」にもかかわらず、「この仕事を最後までやりとげました」と言われたら、「ああ、確かにこの子は粘り強いな……！」って思わざるを得ないではないですか！　要するにこの文章は、最低限でも、

そこで「部活動紹介」という連載を担当したのですが、練習時間がとられることを嫌がり、取材に非協力的な部活もありました。また、わが校は部活動が盛んで数多くの部活があるのですが、そのすべてを取材するのは本当に大変です。しかし私は、この仕事を最後までやりとげました。

〈論拠〉＝

←

〈主張〉＝

このように、私の長所は努力を継続することができることです。この粘り強さを、貴校での学びでもぜひ発揮したく思います。

という二つのグループに分けることができるわけです。

では、残りの箇所《かしょ》、すなわち冒頭《ぼうとう》の一文（＝「私は新聞部に所属しています。」）は、どのような役

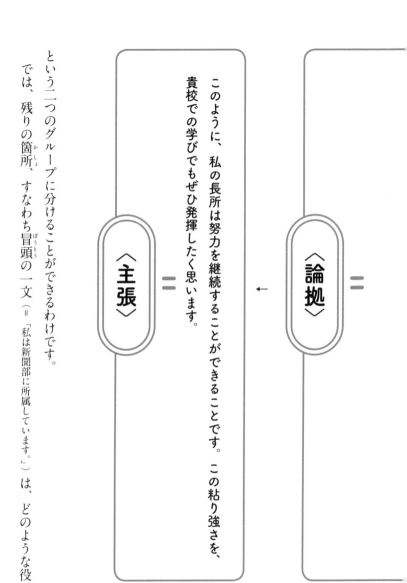

割を担《にな》っているのか？

簡単に言ってしまえば、それは〈**話題**〉の提示です。何について書くのかを、まず読み手に対して端的《たんてき》に示す。それによって読み手も、スムーズに文章に入っていけるというわけですね。

今回のこの【**文章2**】では、〈**話題**〉は本当にあっさりした事実の記述で終わっていますが、ここに何らかの〈**主張**〉をいきなり持ってくるのもありですし、あるいはいわゆる問題提起、つまり「今世の中では△△について○○と言う人が多いが、本当にそうだろうか。」などの問いかけから始めてもいい。いずれにせよ、具体的な論証に入る前に、〈この文章の話題は何なのか？〉という点を明白に提示することが大切になります。

さて、以上の分析を踏《ふ》まえると、この【**文章2**】は、

私は新聞部に所属しています。

＝

〈話題〉

そこで「部活動紹介」という連載を担当したのですが、練習時間がとられることを嫌がり、取材に非協力的な部活もありました。また、わが校は部活動が盛んで数多くの部活があるのですが、そのすべてを取材するのは本当に大変です。しかし私は、この仕事を最後までやりとげました。

＝

〈論拠〉

←

このように、私の長所は努力を継続することができることです。この粘り強さを、貴校での学びでもぜひ発揮したく思います。

〈主張〉＝

という三つのグループで構成されていることがわかりました。この、**〈話題→論拠→主張〉**という構成のありかたを、本書では**〈文章の構造〉**と呼ぶことにします。そしてこの**〈文章の構造〉**がしっかりとしている文章は、読み手にとっても読みやすいですし、何より、説得力があるんですよね。

そう。石井さんの文章には、この**〈話題→論拠→主張〉**という構造がない。もっと言えば、「貴校でも高校生のとき以上に充実した四年間を過ごしたく思います。」という**〈主張〉**に対する、具体的な**〈論拠〉**がない。例えば、なぜ「貴校で過ごしたい」のかがわからない。あるいは、どうして「高校生活が充実していた」と言えるのかが具体的に言及《げんきゅう》されていない。だから読み手の心に訴《うった》える力が希薄《きはく》なのですね。

石井 なるほど……つまり私の「自己PR書」は、先生がおっしゃるところの〈文章の構造〉がなっていない、ということですか……。

小池 お。話が早いね。もっと的確に言えば、〈主張〉に対する〈論拠〉が抜《ぬ》けちゃっている。

石井 落ち込むなぁ。

小池 それにね……たたみかけて悪いんだけど……ちょっと石井さんの文章を分析してみようか。とりあえず、意味や役割という観点からグループに分節すると、

・私は青原高等学校の生徒会で副委員長を務めました。
・部活動では新聞部に所属し、たくさんの記事を書きました。
・文化祭ではクラスの催しに積極的に参加し、
・ソプラノのソロパートを担当した合唱コンクールでは、見事銀賞をとることができました。
・友人もたくさんいて、担任の先生からも、「石井は人望がある」とほめられました。
・これまでのところ、無遅刻無欠席です。

まずここまでのところなんだけれど……。

石井 うわぁ、よく見たら、話がバラバラ！

小池 そうだね。読み手の気持ちになって考えるなら、冒頭の一文に「私は青原高等学校の生徒会で副委員長を務めました。」ときたら、「お！　この作文の〈話題〉は、生徒会活動についてなんだな。ということは、これから先に、その詳細《しょうさい》が語られていくのだろう」と期待することになる。それなのに、

石井 次にくるのが、「部活動」の話！

小池 それどころか、

石井 その後も、「文化祭」、「合唱コンクール」、「友人」、「無遅刻無欠席」って、もう、ただただ〈話題〉をばらまいているだけ！

小池 ご名答！

石井 ということは先生、文章を書くうえでは、〈話題〉は一つに限定せよ、ってことですか？

小池 正解！　もちろん文章の長さや課題の出され方次第で話はまた変わってくるけれども、それが基本ラインだということは覚えておいて損はないよ。

文章作法・その1

原則として、一つの文章で扱《あつか》う〈話題〉は一つ！

以上のように、文章を書くうえでは、基本的には**一つの〈話題〉に絞《しぼ》って記述する**ことが肝要《かんよう》になります。それはなぜか。もちろん、会話文中の石井さんのセリフにあるように、「話がバラバラ」だと、書き手が何を伝えたくてその文章を著《あらわ》しているかが、なんだかよくわからなくなってしまうからです。端的に言えば、〈思いついたことをダラダラと箇条《かじょう》書《が》きにしているだけ〉というイメージですね。

そしてこの、**〈話題〉を一つに限定する＝話をバラバラにしない**という観点は、文章の構成における最も大切な要素とかかわっています。

それは何か？

ズバリ、**論理性**です。

論理的に文章を構成する、その文章作法の要ともいえるところに、〈**話題**〉**の限定**は密接不可分に関係してくることになる。

ですが、そもそも**論理**とはどのようなものでしょうか？

この言葉自体はさして珍《めずら》しいものではなく、日常会話の中でも普通に耳にしたり口にしたことがあるはずです。ところが、いざ説明してみろと言われると、これが難しい。とりあえず、何冊かの辞書の定義を参照してみましょう（なお、定義中の波線部・太字は、すべてこちらで処理したものです。例文なども省略しています）。

『デジタル大辞泉』

① **考えや議論などを進めていく筋道**。思考や論証の組み立て。思考の妥当性《だとう》が保証される法則や形式。

② 事物の間にある法則的な連関。

③「論理学」の略。

『大辞林 第三版』

① 思考の形式・法則。**議論や思考を進める道筋・論法**。
② 認識対象の間に存在する脈絡《みゃくらく》・構造。

『精選版　日本国語大辞典』

① **議論・思考・推理などを進めて行く筋道**。思考の法則・形式。論証の仕方。
② 物事の中にある道理。また、事物間の法則的なつながり。
③ 「ろんりがく（論理学）」の略。

波線部・太字で強調した箇所にのみ注目するなら、すべてに「筋道」・「道筋」という同義の概念《がいねん》が含《ふく》まれていることに気づきます。さらに、「考え」・「思考」も同じ意味であり、「議論」は三冊ともに使われていますね。とするなら、**論理**という語は、**〈思考や議論を進めていく筋道〉**などとまとめることができそうです。

では、さらに「**筋道**」とは何か？

『大辞林　第三版』

①物事の道理。すじ。
②**物事を行うにあたっての順序。手順。**

『精選版　日本国語大辞典』
①事の道理。条理。ことわり。すじ。
②事柄《ことがら》の順序。**順をおった手続き。**
③**物事の正しいあり方。**本道。

同じく波線部・太字箇所をまとめるなら、〈**物事を行ううえでの正しい順序**〉といったところでしょうか。これを先ほどの**論理**の定義と合わせるなら、〈**論理＝思考や議論を進めていくうえでの正しい順序**〉といった程度の意味になるはずです。そして本書はもちろん文章の書き方を学ぶための一冊であるわけですから、よりふさわしい言い方に直すなら、〈**論理＝文章を書き進めていくうえでの正しい順序**〉と定義することができます。

「**論**」という漢字は、もちろん、〈**言＋侖**〉という組み立てになっています。そしてこの「**侖**」の「**冊**」という部分ですが、これは、〈**文字を書いた札や木簡《もっかん》を、紐《ひも》で順番通りにとじている**〉

という意味を持つ象形文字なんですね。縦の4本が札・木簡で、横の1本が紐。札や木簡は、かつての記録媒体《ばいたい》であったわけですが、いかんせんそこに書き込めるデータ量には限界がある。となると、複数の札や木簡に情報を記していくしかないわけですが、それがバラバラになったり、読む順番——つまりはページですね——がぐちゃぐちゃになってしまったら読み返すことができない。だから、〈**文字を書いた札や木簡を、きちんと順番通りに紐でとじる**〉わけです。つまりはそもそもこの「**論**」という漢字が前提とする意味は、右に定義した**論理**の意味内容にしっかりと反映されているのですね。

もちろん**論理**には、〈**文章を書き進めていくうえでの正しい順序**〉という意味以外もあります。ただ本書においては、この定義を採用したいと思います。つまり、

> 文章を書き進めていくうえでは正しい順序というものがあり、それを守ることが大切だ

ということになるわけです。

もちろん、すべての文章がこのような意味での**論理**にのっとって書かれねばならないわけ

ではありません。しかしながら本書の目的は、あくまで〈**論理的な文章を書く！**〉ことにあるのですから、この〈**文章を書き進めていくうえでの正しい順序**〉というものにこだわっていきましょう。

では、ここで言うその〈**正しい順序**〉とは何か？

それはもうすでに、皆さんに示しています。もちろん、

〈**話題→論拠→主張**〉という〈**文章の構造**〉

のことですね（繰り返しますが、**論理的**な文章のすべてがこの構造をとらねばいけないわけではありません。また、この構造を応用した型に関して、後に本書でも言及することになります。が、今の段階では、ひとまずこの構造＝**論理**と考えておいてください）。

文章作法・その2
〈話題→論拠→主張〉という構造（＝論理）を踏まえる！

そして話を戻《もど》しますと、先ほど**《文章作法・その1》**として挙げた「**〈話題〉を一つに限定する＝話をバラバラにしない**」という観点は、この**〈話題→論拠→主張〉**という**〈文章の構造〉**と密接にかかわってくるのです。簡単に言えば、

〈話題〉がバラバラだと、いつまでたっても**〈論拠〉**につなげていくことができない！

あるいは、

〈話題〉がバラバラだと、**〈論拠〉**や**〈主張〉**とまったくかかわりのない情報が数多く存在することになる。つまり、**〈話題→論拠〉**のステップの中で、次の順序に正しく進

むことのできないネタが、たくさん置き去りにされてしまう！

ということですね。だから、〈論理的な文章〉を書くうえでは、〈話題を一つに限定する〉ということが大切になってくるのです。

石井　なるほど……。論理的な文章を書く際には、〈話題→論拠→主張〉という構造を踏まえることが重要で、そしてそのためには、〈話題〉は一つに限定する、ということが大切だってことですね。

小池　まさに！

石井　わかりました。では次回の授業までに書き直してきます！

小池　ちょっと待って！　〈話題→論拠→主張〉という構造について、もう少し確認しておこう。

石井　はい。

小池　まず、石井さんの文章には、〈話題〉はある。

石井　はい、多すぎるほどに（笑）

小池 そして、〈主張〉もある。

石井 「貴校でも高校生のとき以上に充実した四年間を過ごしたく思います。」というところですね。

小池 そう。ということは、石井さんの文章に足りないのは？

石井 あ、〈論拠〉でした！

小池 その通り！

石井 では、次回までに、〈話題〉を一つに絞って、しっかりと〈論拠〉を示しながら〈結論〉につなげていく、その点を意識して書き直してきます！

この**第1部1章**を終えるにあたって、もう少しだけ、大切なことを付け足したいと思います。

繰り返しますが、本書では**論理**という概念を、**〈話題↓論拠↓主張〉**＝**〈文章の構造〉**という意味で用います。そして石井さんの「自己PR書」は、**〈論拠〉**がないという点と、かつ**〈話題〉**を一つに限定できていないという点で、この意味での**論理**を押《お》さえることができていなかった。だから結果として、せっかく書かれた**〈主張〉**に関しても、それまでの流れとはあまり関係がない、つまりは「いきなり何言っているの!?」と思われても仕方のないような書き方になってしまったわけですね。

ということは、逆に考えれば、こうも言えるはずです。すなわち、「**〈話題→論拠→主張〉**という**論理**を守った書き方であれば、そこには**文章全体を貫《つらぬ》く首尾一貫《しゅびいっかん》したつながり**が現れる」と。本書における**論理**は、この**〈話題→論拠→主張〉**という**〈文章の構造〉**から生じる**〈首尾一貫性〉**という意味も含んでいるとお考えください。

では、この**〈話題→論拠→主張〉**という型から生じる**〈首尾一貫性〉**は、どのようなことを意識するときちんと体現されるのか？

結論からいえば、

文章は**〈主張〉**から決定せよ！

ということです。

まずその文章を通じていちばん言いたいこと、すなわち**〈主張〉**を決定し、そしてその**〈主張〉**の説得力を高めるための**〈論拠〉**を、逆算して考える。そして最後に、**〈話題〉**を抽出《ちゅうしゅつ》する。このプロセスを遵守《じゅんしゅ》すれば、誰《だれ》でも〈論理的な文章〉、つまりは〈首尾一貫した文章〉を書くことができるのです！

文章作法・その3

文章は、まず最初に〈主張〉を決定してから書く！

☆この回の続きは、第2部1章で扱います。ただし、まずはすべての回を順番通りに読み進めてください。

02 論理的な文章って？ 2

case2
中村さん
大学生男子

中村　いやー、先生、ちょっと助けてください……。

小池　中村さん、こんにちは。今日はどうしました？

中村　この前、一般《いっぱん》教養の授業で大学に入ってから初めてのレポートが出されたんですね。

小池　ほう。なんの授業？

中村　哲学《てつがく》。で、レポートの課題は、「『無知の知』について思うこと」。

小池　おお、ソクラテスだ。

中村　ですね。大学の先生がソクラテスの「無知の知」について教えてくださったのですが、それについて思ったことを、なんでもいいから書け、と。

小池　なるほど。で、なかなか仕上げられなくて困っている、と。

中村　ですです。

小池　いったいどのような点で困っているのかな？

中村　……恥《は》ずかしながら……。

小池　？

中村　原稿《げんこう》用紙が埋《う》まらないんです。指定字数は1200字以上なんですけれど、どれだけがんばっても、半分もいかない。

小池　あらら。

中村　これなんですけれど……。

【文章1】

古代ギリシャの哲学者ソクラテスは、「わからないことなど何もない」と豪語《ごうご》する同時代の知識人（ソフィスト）をいさめる意図で、「彼らは何もわかっていない。そして、私も何もわかっていない。ただ、私は自分が何もわかっていないということを自覚できている」という旨《むね》を述べたという。

私は、このソクラテスの言葉に、ある種の嫌味《いやみ》が感じられてならない。

それは、「私も何もわかっていない」と自らをソフィストと同じ地平に置く、つまりは相手の位置までへりくだる姿勢を見せておきながら、結局は「自分は違《ちが》う」

と自己を特権化している、その語り口だ。この言葉を口にした段階でソフィストたちを見下していたに違いないソクラテスが、あえて自らを相手のレベルにまで低める。しかし、最終的には自分の優秀性《ゆうしゅう》をアピールする。こうした身振《みぶ》りに、「自分は君たちとは違って優秀な人間だけれども、今回は特別に、君たちのところまで降りていってやるよ」という鼻持ちならない思いが読み取れてしまうのだ。

現代の知識人のなかにも、いかにも「市民の味方です」といった身振りをとる人間がいる。しかしながら彼らのそうしたふるまいに鼻持ちならなさを感じる私のような人間は、少なからずいるだろう。市民と学問との距離《きょり》を縮めるためにも、学問に携《たずさ》わる人間は、こうした偽善《ぎぜん》的な言動に気をつけるべきではないだろうか。

（564字）

さて、ここで中村さんのレポートについて具体的に言及《げんきゅう》する前に、前回第1部1章**論理的な文章って？・①**で確認《かくにん》した二つの《**文章作法**》をおさらいしておきましょう。

文章作法・その1

原則として、一つの文章で扱《あつか》う〈話題〉は一つ！

文章作法・その2

〈話題→論拠《ろんきょ》→主張〉という構造（＝論理）を踏《ふ》まえる！

文章作法・その3

文章は、まず最初に〈主張〉を決定してから書く！

以上の三点を学んだわけですが、今回の中村さんのレポートでは、まず、《**文章作法・その1**》についてはクリアできていると判断して問題ないでしょう。冒頭《ぼうとう》の段落で、

> **古代ギリシャの哲学者ソクラテスは、「わからないことなど何もない」と豪語する同時代の知識人（ソフィスト）をいさめる意図で、「彼らは何もわかっていない。そして、私も何もわかっていない。ただ、私は自分が何もわかっていないということを自覚できている」という旨を述べたという。**

と、このレポートの〈**話題**〉が「ソクラテスの『無知の知』」であることを明らかにしています。そして文章のそれ以降の展開も、きちんとこの「無知の知」についての考察となっていますよね。この点、前回の石井さんが持ってきた作文に比較《ひかく》すると、だいぶちゃんとした文章になっていると言える。まだ入学したばかりとはいえ、そこはやはり大学生ということでしょう。

次に、《**文章作法・その2**》はいったん飛ばして《**文章作法・その3**》はどうでしょうか？

もちろん、中村さんがまず最初に〈**主張**〉を決定してから書いたかどうかは確かめようがないですが、この〈**主張**〉を最初に決めるという方法は、文章全体が首尾一貫《しゅびいっかん》した構成となることを意図してのものでした。つまり、このレポート内の〈**主張**〉とその他の部分に矛盾《むじゅん》や食い違いが生じていなければ、おそらく中村さんはこの方法をきちんと実践《じっせん》できていた可能性が高い。

そこで、中村さんのレポートの〈**主張**〉を確認してみると、

私は、このソクラテスの言葉に、ある種の嫌味が感じられてならない。

それは、「私も何もわかっていない」と自らをソフィストと同じ地平に置く、つまりは相手の位置までへりくだる姿勢を見せておきながら、結局は「自分は違う」と自己を特権化している、その語り口だ。この言葉を口にした段階でソフィストたちを見下していたに違いないソクラテスが、あえて自らを相手のレベルにまで

低める。しかし、最終的には自分の優秀性をアピールする。こうした身振りに、「自分は君たちとは違って優秀な人間だけれども、今回は特別に、君たちのところまで降りていってやるよ」という鼻持ちならない思いが読み取れてしまうのだ。

というブロックと、

現代の知識人のなかにも、いかにも「市民の味方です」といった身振りをとる人間がいる。しかしながら彼らのそうしたふるまいに鼻持ちならなさを感じる私のような人間は、少なからずいるだろう。市民と学問との距離を縮めるためにも、学問に携わる人間は、こうした偽善的な言動に気をつけるべきではないだろうか。

というブロックがそれにあたると考えられます。つまりは、ソクラテスのいう「無知の知」はかくかくしかじかでイヤミだ。現代の知識人にもそういう人間がいるが、それはよくない！

というのが、この文章を通じて中村さんが訴《うった》えたかった〈**主張**〉ということになります。

では、この〈**主張**〉は、レポート全体のなかに矛盾や食い違いを生じさせているでしょうか？　答えは、否《いな》。なぜなら、冒頭で示された「無知の知」という〈話題〉に対して、「無知の知は嫌《きら》いだ！」ときちんと対応しているからです。この点で、中村さんのレポートには、少なくとも首尾一貫性はある。ですからおそらく中村さんは、《**文章作法・その3**》の「**文章は、まず最初に〈主張〉を決定してから書く！**」という点は、クリアしている可能性が高いのですね。

となると、問題は、《**文章作法・その2**》の「**〈話題↓論拠↓主張〉という構造（＝論理）を踏まえる！**」という点を実践できているか、この点に絞《しぼ》られることになります。

まず、〈**話題**〉と〈**主張**〉については、右に確認したように、しっかりと書けています。

でも、**〈論拠〉**、すなわち**〈主張の正しさを証明するための証拠《しょうこ》〉**については、残念ながら抜《ぬ》けてしまっているわけですね。つまり、中村さんのレポートの修正点については、まずはこの**〈主張〉**に対する**〈論拠〉**を書き加えるということが挙げられるのです。

もちろん、

それは、「私も何もわかっていない」と自らをソフィストと同じ地平に置く、つまりは相手の位置までへりくだる姿勢を見せておきながら、結局は「自分は違う」と自己を特権化している、その語り口だ。この言葉を口にした段階でソフィストたちを見下していたに違いないソクラテスが、あえて自らを相手のレベルにまで低める。しかし、最終的には自分の優秀性をアピールする。こうした身振りに、「自分は君たちとは違って優秀な人間だけれども、今回は特別に、君たちのところまで降りていってやるよ」という鼻持ちならない思いが読み取れてしまうのだ。

という段落は、なぜソクラテスの「無知の知」に「嫌味」を感じてしまうのか、その理由を自分なりに分析《ぶんせき》しているのですから、ここを〈**論拠**〉として考えることもできる。しかしながら、たとえこの記述を〈**論拠**〉と考えたところで、中村さん自身が「原稿用紙が埋まらないんです。指定字数は1200字以上なんですけれど、どれだけがんばっても、半分もいかない」と嘆《なげ》いていたように、1200字以上という字数指定の文章という点に鑑《かんが》みて、今のままでは短すぎる。なんといっても、〈**話題**〉と〈**主張**〉はこれ以上膨《ふく》らませようもないわけですから、字数を稼《かせ》ぐには、この短すぎる〈**論拠**〉をなんとかするしかない。

いや、今の言い方にはちょっと語弊《ごへい》があるかもしれません。

というのは、皆《みな》さんには絶対に、〈**論拠**〉を書き足すことが単なる字数稼ぎのためだなんて誤解してほしくないんですね。

それなら、〈**論拠**〉の書き足しにおける真の目的とは何か。

それはズバリ、

〈**論拠**〉に厚みを持たせることで、〈**主張**〉の説得力をより高めるという点を意図しての作業ということになります。レポートや小論文のように指定字数のある文章を書く際、どうすればより効果的に、指定字数をクリアすることができるか。その答えがここにあります。

文章作法・その4
指定字数をクリアするためには、〈論拠〉に厚みを持たせよ！

なお、ここでいう「厚みを持たせる」というのは、具体的には、

・一つの〈**論拠**〉を、より掘り下げて記述する。
・二つ、ないしは複数の〈**論拠**〉を併記《へいき》する。

といったことを意味しています。この点についての詳細《しょうさい》は、次回、**3章 論理的な文章っ**

て？③で扱いたいと思いますので、もう少々お待ちください。

中村　つまり、〈論拠〉がない、もしくは短いから、そこを書き足せってことですね。

小池　そうなりますね。そうすると、字数が稼げるだけじゃなく、文章全体の説得力が増す。

中村　なるほど……とはいっても、どう書き足せばよいのか。「ソクラテスの『無知の知』」が嫌いな理由は、一応もう書いちゃっているからなぁ。ここはもう、私の筆力ではこれ以上膨らませるのは難しい。

小池　だったら、他の〈論拠〉を見つけて、それを付け足せばいい。

中村　他の〈論拠〉？

小池　そうだな……例えば、中村さん以外にも、中村さんと同じようなことを言っている人っていないだろうか？

中村　リアルの知人にですか？

小池　いや。別に、本や新聞、あるいは他のメディアの人でもかまわないよ。というか、むしろ中村さんにとっての第三者の意見のほうがいい。

中村　なぜですか？

小池　そっちのほうが、〈論証〉の客観性を高めることができるからね。

中村　あ、確かに。「私の知人が～」っていったところで、「誰《だれ》だよ、それ」ってつっこまれる可能性は高いですよね。

小池　はは（笑）　まあ、公共のメディアに発された、自分とは直接かかわりのない人間の意見が自分の〈主張〉の〈論拠〉になるなら、そのほうがより普遍《ふへん》性のある考え方だって認めてもらえる可能性が高い、ってことだね。

中村　わかりました。次の授業までに何か探してきます！

小池　オッケー。でも、今日はもう一つ、中村さんのレポートをブラッシュアップする方法を教えておきたい。もちろん、字数だって増やせる。

中村　お！

小池　というわけで、ちょっとこの二つの文章を読んでみてください。

【文章２】

最近、「古典不要論」なる議論をしばしば耳にすることがある。いわく、「古典など勉強しても実社会では役に立たないから、国語のカリキュラムから古典を外すべきだ」と。

このような言説に対し、「古典不要論」反対論者の多くは、「中高生の学習においては、役に立つという有用性の観点からその内容を決めるのはおかしい。むしろ〈有用／無用〉という安直な二元論に回収されないようなところに、真の学問に通じる道が開けるのではないか」といった主張を展開している。

私も「古典不要論」には決して与《くみ》しないが、しかしながら、「古典不要論」反対論者の多くが説く〈有用性という観点の捨象〉については首肯《しゅこう》しかねる。というのも、〈有用／無用〉という二元論を前提に「古典不要論」を唱える相手に対しては、むしろその二元論にのっとった言い方でしか、有効な反論は展開できないと思うからだ。彼らに「古典」学習の存在を認めさせるには、それを学ぶことの有用性を、誰しもが納得《なっとく》するかたちで明示する必要があるのではないだろうか。

（433字）

【文章3】

かつての人々は、山の岩に、木に、せせらぎのよどみに、霊《れい》を感じ、そこを特別な空間として認識していた。時としてそうした場は、人間存在によって汚《けが》されることの決して許されない、不可侵《ふかしん》の神聖な場ですらあったのだ。

しかしながら近代科学は、こうした前近代的な「物語」を、唾棄《だき》すべきオカルティズムとして自然の世界から一掃《いっそう》しようと試みた。自然は、その隅々《すみずみ》までが、人間によって手を加えられ、開発される対象となったのである。

では、私たち現代人はそのようなかつての人々の世界観について、どのように考えているのか。

もちろん、そうした素朴《そぼく》な伝説の一つ一つに、ある種の牧歌的な癒《いや》しを感じる人もいるだろう。しかしだからといって、その伝承を真に受けて、それを真実であると信じる人間などほとんどいないはずだ。つまり、私たち現代人もまた、近代人の正統な嗣子《しし》として、前近代的な「物語」を非合理的な世迷《よま》い言《ごと》として一笑《いっしょう》に付しているのである。

が、そうなのだろうか。

かつての祖先たちの「物語」は、本当に、取るに足らない非合理な妄想《もうそう》にすぎないのだろうか。

私はそうは思わない。なぜなら、そうした伝承と共に生きることで、彼らは自然と上手に付き合うことができたからである。自然に精霊を感じ、その地を神聖不可侵な空間と想定することで、自然に対しての謙虚《けんきょ》な思いを忘れずにいることができる。そしてそのことによって、彼らは自然を蹂躙《じゅうりん》することなく、それと共に生きてきたのである。

つまりは、私たちにとって非合理と思われる考え方も、自然との共生というあるべき姿を維持《いじ》していくうえでは、ある種の合理性を有していたと言えるのだ。


（678字）

この【文章2】と【文章3】は、〈話題〉に関しては、前者が「古典不要論」、後者が「前近代的な『物語』」と、それぞれまったく異なるものを扱っています。けれども、その論の展開の仕方については、とある共通性があるのですね。

皆さんは、この二つの文章に共有されている論の展開がどのようなものであるか、説明することができるでしょうか？

まず、**【文章2】**を分析してみましょう。

この文章の〈**主張**〉は、端的《たんてき》に言えば、

「古典不要論」に対抗《たいこう》するためには、古典学習の有用性を明示する必要がある。

といった内容にまとめられますね？　しかしながら**【文章2】**の書き手は、その自らの〈**主張**〉を、他の多くの反対論者たちが説く、

〈有用／無用〉という二元論から中高生の学習について考えるのは間違っている。

という考え方と対照させる形式で提示している。整理するなら、

他の多くの反対論者

〈有用／無用〉という二元論から中高生の学習について考えるのは間違っている
のだから、「古典不要論」は認められない。

⇔

【文章2】の書き手

「古典不要論」に対抗するためには、古典学習の有用性を明示する必要があるの
だから、他の多くの反対論者の考え方は間違っている。

といった対立関係になります。この構造を抽象化《ちゅうしょうか》すると、**〈他の多くの人たちの考えている
こと＝一般論 VS 書き手の考えていること＝主張〉**と図式化することができます。さらに端
的に言えば、〈**一般論**／**主張**〉という対立構造ですね。**【文章2】**の書き手は、こうした論の
展開法を用いながら、自らの〈**主張**〉を読み手に訴えかけているわけです。

では、**【文章3】**のほうはどうか。

多少は複雑な書き方になっているかもしれませんが、こちらもまた、〈**一般論**／**主張**〉と

いう対比を用いていることがわかると思います。整理すると、

私たち現代人〈一般論〉
前近代的な伝承など、非合理的な世迷い言にすぎない。
⇔
【文章3】の書き手〈主張〉
そうした伝承を有していたおかげでかつての人々は自然との共生を果たしていたのだから、そこにはある種の合理性が認められる。

などとまとめられるはずです。

実はこの〈**一般論**／**主張**〉という対比に基《もと》づく論の進め方は、評論文やエッセイの筆者の多くが用いる技法なんですね。それにどのような効果があるかと言えば、まずは根本的に、

この〈**一般論**／**主張**〉に限らず、

対比することで、話の内容が理解しやすくなる！

という点が挙げられます。たとえて言うなら、白が白であることをより際立たせたければ、隣に黒を置くのがよい、ということです。そして、単なる対比ではなく、それが〈**一般論**／**主張**〉という対比なら、当然、

それとは反対意見である〈**一般論**〉と対比することで、〈**主張**〉の内容が理解しやすくなる！

ということになります。もう少し小難しく言い換《か》えると、

〈**一般論**／**主張**〉という対比によって、〈**主張**〉の立ち位置がより明瞭《めいりょう》になる！

などと言えましょう。どのような考えに対しての〈**主張**〉であるかをはっきりさせておくことで、〈**主張**〉の具体性も増し、文章全体の説得力を高めることもできるわけです。

文章作法・その5

〈一般論／主張〉の対比を用いると、〈主張〉がより明瞭になる！

皆さんは、もしかしたら、文章を書く際には〈**確かに……、しかし……**〉という型を使え、と指導されたことがあるかもしれません。実はこの〈**確かに……、しかし……**〉という型も、例えば、

> **確かに現代社会においては、理系の学問は大切だ。しかし、だからといって文系の学問をないがしろにしていいわけではない。**

という文章を読めばわかるように、

「確かに」以下…〈一般論〉
現代社会では理系の学問は大切。
⇔
「しかし」以下…〈主張〉
文系の学問も大切だ。

といった〈一般論／主張〉構造をとっているのですね。有名な〈確かに……、しかし……〉という型は、この〈一般論／主張〉という論の進め方の一つのバリエーションと考えておきましょう。

念のためことわっておくと、すべての文章においてこの手法を使えるというわけではありません。ですから、変に「〈主張〉に対する〈一般論〉には必ず言及せよ！」などとは思いこまないでくださいね。あくまで、字数に余裕《よゆう》がある、あるいはそれを用いるにふさわしいテーマの文章であるならば、使うと効果的、くらいに考えておいてかまいません。

中村 なるほど……、〈一般論／主張〉の対比ですか。確かにこれはあったほうが、私の言いたいこともよりくっきりとするでしょうね。

小池 だね。それにこざかしいことを言うなら、字数も稼げる（笑）

中村 いや、それ、重要です（笑）なにしろ今のままじゃ、指定字数の半分もいっていないんですから。

小池 では、これで次回までの課題は決まったね。

中村 はい！ まずは〈論拠に厚みを持たせる〉ことでしたね！

小池 そう！

中村 そして、次に、〈一般論／主張〉という論の進め方を用いること！

小池 オッケー！ ちょっと大変かもしれないけど、その二つを意識することができれば、中村さんのレポートはかなり質の高いものになると思う。だから、がんばって！

中村 了解《りょうかい》です！ ナカムラ、やっちゃいマス！

☆この回の続きは、第2部2章で扱います。ただし、まずはすべての回を順番通りに読み進めてください。

03 論理的な文章って？ 3

case 3
松島さん
中学生男子

松島 先生〜、助けてください！

小池 お、松島さん、どうしたかな？

松島 学校の宿題で読書感想文があるんですけど、もう、何を書いていいか……。

小池 課題図書は？

松島 『走れメロス』です。この前、国語の授業で読んだんですよね。

小池 お、今でも中学校の教科書にメロス載《の》ってるんだ〜。

松島 先生のころも？

小池 載ってたよ。で、どうだった、メロスの感想は？

松島 ……それがすらすら言えれば、感想文なんか苦労しませんよ。

小池 確かに（笑）

松島 はっきり言ってしまうと、「なんだこりゃ？」っていう感じです。なんかもう、設定がめちゃくちゃで。

小池 あー、わかる。僕《ぼく》も中学生のころは、そう思った。でも、大人になって読み返すと、ものすごく良い作品って思えるんだけどねぇ。

松島 へー……。

小池 ともかくまあ、感想文だ。

松島 はい。400字詰《づ》め原稿《げんこう》用紙2枚って言われてるんですけど、正直これが精いっぱいで……。

小池 （この前の中村さんもそうだったけど、皆、字数が埋まらなくて苦労するんだなぁ……）どれどれ、見せてごらん？

【文章1】

私がこの物語を読み終えたとき最も印象に残ったのは、メロスとセリヌンティウスがお互《たが》いの顔を殴《なぐ》り合うシーンだ。ただ殴るだけではない。セリヌンティウスは「刑場《けいじょう》一ぱいに鳴り響《ひび》くほど音高くメロスの右頬《みぎほお》を殴った」し、メロスもまた、「腕《うで》に唸《うな》りをつけてセリヌンティウスの頬を殴った」。全力だ。読んでいるこちらの顔面とこぶしも痛くなってくる。まさに、こぶしで語り合うというやつだ。彼らは互いの気持ちを、肉体を通じて確認《かくにん》し合うのである。人と人との関係においては肉体的な感覚をともにすることが大切なのだ、というメッセージだろうか。

（254字）


まず、松島さんのこの文章、字数はさておき、中学生の読書感想文としてはなかなかに論理的に書けていることがわかるでしょうか。

まず冒頭《ぼうとう》で、

私がこの物語を読み終えたとき最も印象に残ったのは、メロスとセリヌンティウスがお互いの顔を殴り合うシーンだ。

と、しっかりと〈**話題**〉を示すことができています。そして続く叙述《じょじゅつ》では、

ただ殴るだけではない。セリヌンティウスは「刑場一ぱいに鳴り響くほど音高くメロスの右頬を殴った」し、メロスもまた、「腕に唸りをつけてセリヌンティウスの頬を殴った」。全力だ。読んでいるこちらの顔面とこぶしも痛くなってくる。

と、〈**話題**〉の中心であるメロスとセリヌンティウスとの殴り合いについて詳《くわ》しくその内容を説明しています。ここらへん、論の展開にブレはありません。そしてかなり評価できるのが、

まさに、こぶしで語り合うというやつだ。彼らは互いの気持ちを、肉体を通じて確認し合うのである。

という箇所《かしょ》。ただ単に殴り合いのシーンを紹介《しょうかい》するだけでなく、それがどのような意味を持つのかという自分なりのまとめ、意味づけをしている。ここで話が、キュッと締《し》まるんですよね。そして以上を踏《ふ》まえて、

人と人との関係においては肉体的な感覚をともにすることが大切なのだ、というメッセージだろうか。

という〈**主張**〉が述べられる。直前までの内容が、この〈**主張**〉に対する〈**論拠**《ろんきょ》〉であることもここではっきりとします。

〈**論拠**〉＝二人の殴り合い↓彼らは肉体を通じて互いの気持ちを確認し合う

←

〈**主張**〉＝人と人との関係においては肉体的感覚の共有が大切

という展開ですね。つまりはこの松島さんの感想文は、〈**話題→論拠→主張**〉という構造、すなわち**論理**にしっかりとのっとって書かれているわけです。この点は、非常に評価できる。

では、松島さんにとっての（そしておそらくは多くの中学生にとっての）課題、すなわち〈指定字数を満たすために情報量を増やす〉という点については、どのようにクリアしていけばいいのか。

ここでまず大前提となるのが、前回（**2章 論理的な文章って？②**）で確認した、

文章作法・その4
指定字数をクリアするためには、〈論拠〉に厚みを持たせよ！

という観点です。何度も繰《く》り返しますが、〈**論拠**〉に厚みを持たせられれば、単に指定字数

をクリアできるのみならず、文章全体の説得力が増すわけです。そしてむしろ大切なのは、指定字数云々《うんぬん》というよりもこの点であったりする。

それならば、どのようにすれば〈**論拠**〉に厚みを持たせることができるのか？

その具体的な方法とは、いったいどのようなものなのでしょうか。

例によって、まずは以下の文章を読んでみてください。


【文章2】


ぼくには、中学生の兄が一人います。

兄は、幼稚園《ようちえん》のころからスイミングスクールに通い続け、中学二年生のときには、東日本大会の個人メドレーで決勝にまで進みました。

また、学校の成績もすばらしく、テストもずっと学年一位の点数をとり続け、この前、名門高校への推薦《すいせん》をとることができました。

このように、兄は本当にすごい人なのです。

ぼくも兄のような人間になりたいです。


（175字）

松島　……なんですか、この「兄」……なんかムカつく（笑）

小池　まあまあ（笑）

松島　これ、この教室の生徒が書いたんですか？

小池　うん。小学生のね。

松島　お兄さんはともかくとして、小学生アルアルみたいな作文で、なんだかほほえましいですね。

小池　そうね。でも……。

松島　でも？

小池　この〝いかにも小学生な作文〟のなかに、松島さんが学ぶべきことがあるんだよ。

松島　えええ!?　先生、いくらなんでもそれは……。さすがに僕のほうが文章は上手だと思いますよ？　中学生としてのプライドが……。

小池　うん。もちろん文章は、松島さんのほうが圧倒的《あっとうてき》にうまい。それは間違《まちが》いない。まあ、当たり前だけど。

松島　……。

小池 でも、この子の作文には、あなたの作文にはない、とても評価できるところがあるんだよね。わかるかな？

松島 う〜ん、それは先生がよくおっしゃっている、〈話題↓論拠↓主張〉という〈文章の構造〉ですか？　確かにこの子の作文、「中学生の兄」という〈話題〉から始まって、兄がいかにすごいかという具体的な〈論拠〉を述べて、最後に「兄のような人間になりたい」って〈主張〉してて、とても首尾一貫《しゅびいっかん》した構成になってますよね。ちゃんと文章全体がつながっている。

小池 良い分析《ぶんせき》だね。それはまったくもってその通り。でも、論理的な首尾一貫性については、松島さんの作文もかなりすばらしい。今回この子の作文で注目してほしい箇所は、そこではないんだね。

松島 うーん……。

小池 じゃあ、もう一作、いや、正確には二作になるのかな、勉強になる文章があるので、それを読んでもらおう。

松島 誰《だれ》が書いた文章ですか？

小池 同じくこの教室に通う、大学生。最初の短いほうが、今のあなたの作文と同じ欠点を持っているほう。そして、後の長いほうが、さっきの小学生の作文と同じ良い点を持っているほう。言葉とか言い回しとかはちょっととっつきにくいかもしれないけど、がんばって読んでみよう。

【文章3－a】

現代、自由を人類に普遍《ふへん》の理念として語る言説は多い。けれども自由とは、本当に手放しで喜ばしいものなのだろうか。

小学生のころ、夏休みに「自由研究」という課題が出された。文字通り、何を研究するかというところから始め、どのように研究するか、いかにまとめて発表するか、といった点まで、すべて自分自身で自由に決めてとりかからねばならない、そんな課題だ。そう。とりかから「ねばならない」のだ。漢字の書き取りや計算ドリルなら、指定された範囲《はんい》を指定されたやり方でこなしていけばそれで済む。これはある意味、大変に楽な作業だ。機械的に指示を守ってさえいれば、少しばかり手が痛くなるのと退屈《たいくつ》なだけで、いつかノルマはこなせてしまう。しかもそれを期日に提出するだけで、「優等生」と評価してもらえるのだ。しかし、「自由研究」においてはそうはいかない。どれだけ悩《なや》もうとも、どれほど考えようとも、実際に「作品」を作成することができなかったら、何一つ評価されないどころか、叱《しっ》責《せき》すらされてしまうのである。あのプレッシャーたるや……！

このように、自由はそれを〝享受《きょうじゅ》〟するはずの人間に、極度の緊張《きんちょう》を強《し》いるものなのだ。

楽天的に自由を礼賛《らいさん》し、妄信《もうしん》的に自由を追求する——それは我々人類にとって、決して理想的な生き方ではない。自由とは、それの含《ふく》み持つ恐ろしさを直視し、そこから生じる不安におののきながらも、それでも悲壮《ひそう》な覚悟《かくご》をもって追い求めるものなのではないだろうか。

（609字）

【文章3－b】

現代、自由を人類に普遍の理念として語る言説は多い。けれども自由とは、本当に手放しで喜ばしいものなのだろうか。

小学生のころ、夏休みに「自由研究」という課題が出された。文字通り、何を研究するかというところから始め、どのように研究するか、いかにまとめて発表するか、といった点まで、すべて自分自身で自由に決めてとりかからねばならない、そんな課題だ。そう。とりかから「ねばならない」のだ。漢字の書き取りや計算ドリルなら、指定された範囲を指定されたやり方でこなしていけばそれで済む。これはある意味、大変に楽な作業だ。機械的に指示を守ってさえいれば、少しばかり手が痛くなるのと退屈なだけで、いつかノルマはこなせてしまう。しかもそれを期日に提出するだけで、「優等生」と評価してもらえるのだ。しかし、「自由研究」においてはそうはいかない。どれだけ悩もうとも、どれほど考えようとも、実際に「作品」を作成することができなかったら、何一つ評価されないどころか、叱責すらされてしまうのである。あのプレッシャーたるや……!

社会心理学者のエーリッヒ・フロムは、主著『自由からの逃走《とうそう》』のなかで、自由で平等な社会を実現した——あるいはその実現を追求した近代市民社会が、なぜ全体主義へと帰結してしまったのかについて考察している。簡単に言えば、人は自由が苦しいのだ。例えば近代市民社会における自由の現れの一つに、経済活動における自由がある。もちろん、個々人の自由な利益獲得《かくとく》競争が市場を活性化し、社会全体を発展させるという発想だ。しかしながら裏返せばそれは、個々人が自らの責任をもって競争しなければならないということでもあり、さらにいえば、その競争から脱落《だつらく》することに常に脅《おび》えなくてはならず、そして実際に脱落してしまった場合、〝敗者〟の烙印《らくいん》を押され、尊厳ある生を送ることすら許されないという可能性を含んだ、そんなリスキーな〝自由〟なのだ。大衆は、そのような不安に耐《た》えることはできない。したがって、たとえそれが自己の様々な権利を放棄することにつながろうとも、全体主義を選び、「自由」から「逃走」してしまうのである。

自由はそれを〝享受〟するはずの人間に極度の緊張を強い、そして人々は往々にして、そこから逃《に》げ出したいという感情にとらわれる。「自由研究」のプレッシャーと全体主義の選択《せんたく》との間には、実はそれほどの距離《きょり》があるわけではないのだ。

楽天的に自由を礼賛し、妄信的に自由を追求する――それは我々人類にとって、決して理想的な生き方ではない。自由とは、それの含み持つ恐ろしさを直視し、

そこから生じる不安におののきながらも、それでも悲壮な覚悟をもって追い求めるものなのではないだろうか。

（116字）

この二つの文章の違いは、一目瞭然《いちもくりょうぜん》ですね？　まず、すぐにわかるのは、圧倒的に分量に差がある。**【文章3―a】**に対して、**【文章3―b】**は倍に近い文字数になっています。でも、そこは本質じゃない。この**【文章3―b】**が**【文章3―a】**よりも優《すぐ》れた作文であることを、もっと別の角度から考えてみましょう。

まず、**【文章3―a】**の構造を整理してみたいと思います。

〈**話題**〉自由とは、本当に喜ばしいものなのか。

↓

〈**論拠**〉自由研究という課題における大変さ、プレッシャー。

↓

〈**主張**〉自由は、その厳しさを自覚して追い求めるべきものだ。

という展開になっていますね。きちんとした首尾一貫性を持った組み立て方であると言って、問題ないと思います。

では、**【文章3－b】**の構造は、どうか。

〈**話題**〉自由とは、本当に喜ばしいものなのか。

↓

〈**論拠**〉自由研究という課題における大変さ、プレッシャー。

↓

〈**論拠**〉フロム『自由からの逃走』に書かれた、近代市民社会における自由とその厳しさ。そしてそこから生じる、大衆の逃避《とうひ》願望。

↓

〈**主張**〉自由は、その厳しさを自覚して追い求めるべきものだ。

となっています。もう、二つの文章の構成上の違いは明らかかと思います。

小池 どう？　この二つの文章、というか、長いほうの文章【文章3―b】と、さっきの小学生が書いた文章との共通点、わかったかな？

松島 えーと……うーん？

小池 あれ。じゃあちょっと、小学生の作文の構造を整理してみよう。

〈話題〉中学生の兄
↓
〈論拠〉スイミングの東日本大会で決勝に進出
↓
〈論拠〉学業優秀《ゆうしゅう》
↓
〈主張〉自分も、こうしたすごい人間になりたい。

……ってなっているわけだ。

松島　……あ！
小池　わかったかな？
松島　〈主張〉に対する〈論拠〉が、両方とも二つある！
小池　その通り！　それに対して、大学生の書いた短い方【文章3―a】と、そして松島さんの感想文は……。
松島　どっちも、〈論拠〉が一つしかないですね……！
小池　正解！

〈主張〉に対する〈論拠〉を複数示すことの意味は何か？

もちろん、指定字数を満たすことができる、という点も、皆《みな》さんにとっては大切なことかもしれません。ですが、最も大切なポイントは、〈論拠〉をいくつか提示することによって〈主張〉に対する説得力がより向上する、ということなんですね。

例えば、「読書はすばらしい」ということを〈主張〉する際に、「読解力を鍛《きた》えることができる」という〈論拠〉だけでなく、「想像力を身につけることができる」という〈論拠〉もあわせて示すことができれば、最初は「えー……、読書がすばらしい理由って、それだけ？」と思っていた人も、「あー、なるほど。他にもそんなメリットがあるなら、確かに読書はすばらしいことかもしれないな」と腑《ふ》に落ちるかもしれません。〈**論拠**〉というのは〈**主張**〉に対する証拠《しょうこ》であるのですから、多く示すことができれば、そのぶん読み手が納得《なっとく》する可能性が高くなる。

ただ、ならば〈**論拠**〉の数は多ければ多いほどいいのか、といえば、そうではありません。

「はじめに」でも触《ふ》れましたが、本書のコンセプトの軸《じく》には、僕の大学時代の恩師、市毛勝雄先生のご講義やご著書があります。先生のご授業では、毎回、20字×20行の４００字詰め原稿用紙に書いた作文の提出という課題があったのですが、その際に、

・一つの〈**論拠**〉につき、全体20行のうちの7行を使う。
・〈**論拠**〉は必ず二つ用意する→つまり、全体20行のうち、14行が〈**論拠**〉。

というルールを設けられていました。全体の7割が〈**論拠**〉であるわけですから、要するに、ここをどれだけ詳しく書けるかで文章の成否が決まる、とお考えだったのですね。〈**論拠**〉こそが、文章の肝《きも》なのです。

ですが、いたずらに多くの〈**論拠**〉を列挙していくだけでは、一つ一つの考察が浅くなり、結果として説得力の乏《とぼ》しい文章になってしまう。つまり〈**論拠**〉は、一つ一つの事例を徹底《てってい》的に掘り下げて、字数の許すかぎり詳しく書かねばなりません。ですから、「〈**論拠**〉は二つ！　それ以上はダメ！」というルールだったわけですね。

もちろん、文章が長くなれば、より多くの〈**論拠**〉を用意しなくてはなりません。「二つ！」というのは、あくまで先生のご授業での、つまり４００字作文でのルールであり、そこらへんは、臨機応変に考えていく必要はあります。ですが、

〈**論拠**〉は複数用意したほうが説得力も増す！　ただし、いたずらに列挙するのではなく、一つ一つの事例を掘り下げて詳しく書く！

という点は、何度でも強調しておきたいと思います。

ここで、前回の内容を少しだけ引用しておきます（p45〜46）。

なお、ここでいう「厚みを持たせる」というのは、具体的には、

・一つの〈論拠〉を、より掘り下げて記述する。
・二つ、ないしは複数の〈論拠〉を併記《へいき》する。

といったことを意味しています。この点についての詳細《しょうさい》は、次回、**3章 論理的な文章って？③**で扱《あつか》いたいと思いますので、もう少々お待ちください。

と、このように付記していたのは、実はこういうことだったのですね。

文章作法・その6
〈論拠〉は複数用意する！ ただし、一つ一つを詳しく書く！

少しだけ発展的な内容に触れておきましょう。

先ほどまとめた【文章3－b】の構造ですが、

〈**話題**〉自由とは、本当に喜ばしいものなのか。

↓

〈**論拠**〉自由研究という課題における大変さ、プレッシャー。

↓

〈**論拠**〉フロム『自由からの逃走』に書かれた、近代市民社会における自由とその厳しさ。そしてそこから生じる、大衆の逃避願望。

↓

〈**主張**〉自由は、その厳しさを自覚して追い求めるべきものだ。

という展開の中に、繰り返しますが、〈論拠〉が二つ述べられています。したがって、【文章3－a】に比べ、こちらのほうがより説得力の高い文章ということになるわけです。

ですが、この【文章3－b】における〈論拠〉のピックアップの仕方には、もう一つ、説得力を高めるための仕掛《しか》けがあるのですね。

皆さん、その仕掛けの内容には気づけましたでしょうか？

二つの〈論拠〉の性質的な違いが、大きなヒントとなります。

この点については、**6章 説得力のある書き方とは？②**で詳しく説明したいと思いますので、少々お待ちください。

小池　**というわけで、次回までの課題はもうわかったね？**

松島　はい。〈論拠〉をもう一つ探す、ってことですね！

小池　**そうだね。『走れメロス』を読んだ際の松島さんの〈主張〉は、「この作品から読み取れるメッセージは肉体の大切さである」というもの。**

松島　はい。

小池　**そして、それを〈主張〉するための〈論拠〉が、今のところ……**

松島　メロスとセリヌンティウスが殴り合うことで互いの気持ちを確認した、という内容の一つだけ。

小池　うん。だからやるべきことは……？

松島　『走れメロス』のメッセージが肉体の大切さであるという〈主張〉を裏付ける〈論拠〉を、もう一度この作品を読み返すことで、他にも見つける、ということですね！　でも……見つかるかなぁ……？

小池　もし見つからなかったら、その時は、もう一度〈主張〉を考え直す必要があるね。

松島　む〜、それは避《さ》けたいなぁ……。

小池　提出期限がきつい？

松島　いや、それはまだ大丈夫《だいじょうぶ》なんですけど、正直、面倒《めんどう》くさいです（笑）

小池　ま、わかるよ（笑）

☆この回の続きは、第2部3章で扱います。ただし、まずはすべての回を順番通りに読み進めてください。

04 論理的な文章って？ 4

case 4
岩崎さん
80代女性

小池 おや、岩崎さん、こんにちは！ ぎっくり腰《ごし》はもうよろしいんですか？

岩崎 あらやだセンセ、お恥《は》ずかしい（笑）

小池 いやー、僕《ぼく》も腰痛《ようつう》持ちなんで。あれは本当につらいですよね……。

岩崎 センセはまだお若いんだから、プールでもお通いになってほどよい運動でもなさったほうがいいわよ？

小池 へへへ……ではまあ、そんなところで今日の作文をご提出いただきますか……。

岩崎 はい。これなんですけど……。

小池 ふむ……。

岩崎 小学生の孫がいましてね、課外活動で「戦争体験者に、戦争とはどのようなものかを書いてもらい、文集にまとめる」とのことを計画しているらしくて。頼《たの》まれてしまったんです。

小池 それはすばらしい企画《きかく》ですね。

【文章1－a】

ラジオから終戦の詔勅《しょうちょく》、いわゆる玉音放送が流れ、日本の敗戦が告げられたとき、私はまだ幼い少女でした。私は、戦争体験者なのです。

忘れもしません。1945年3月10日の未明、私の住んでいた東京都の下町は、B29の爆撃《ばくげき》を受け、炎《ほのお》に包まれました。いわゆる、東京大空襲《だいくうしゅう》です。私は、母と、妹と、そして母に抱《だ》かれたままのまだ赤ん坊《ぼう》だった弟と、降り注ぐ焼夷弾《しょういだん》を見上げながら、こっちだ、あっちだ、と、逃《に》げまどっていました。焼夷弾は、私の目の前にも落ちました。あと30センチ私が前にいたら、私は今こうして、この文章を綴《つづ》ることもできなかったでしょう。私は幸運にも、焼夷弾を避けることができたのです。けれども、次の瞬間《しゅんかん》、背後から悲鳴が聞こえました。妹でした。振《ふ》り返ると、弟を抱っこしたままの母が、数メートルも向こうにあおむけになっていました。爆風で吹っ飛ばされたのです。母は、すぐにむくりと起き上がりました。私たちも駆《か》け寄りました。そして、母の抱く弟が無事かどうか、のぞき込《こ》んだのです。赤ん坊の口の周りには、どす黒い血の塊《かたまり》のようなものがへばりついていました。終わった、と思いました。母も、ぼそりと、「死んだね」と言いました。本当に、何の感情も感じられないような、冷たく、抑揚《よくよう》のない言い方でした。目の前の事実を、何の思いも交えずに、淡々《たんたん》と描写《びょうしゃ》しているかのような口ぶりでした。何より私自身も、悲しみを覚えるでもなく、怒《いか》りに震《ふる》えるでもなく、一つの生命の死を、ただぼーっと眺《なが》めているだけだったのです。もっとも、弟は死んではいませんでした。口の周りにこびりついたドロに、炎が反射して、血のように見えただけでした。ですから後年そのことは、「あのときはおしまいかと思ったよ」と、家族の笑い話になりました。私も笑いました。でも、心の底では笑えませんでした。あのときの、感情がからっぽになったかのような母や私の様子を思い出すにつけ、私は今でも、ゾッとするのです。

心を失った人間は、もはや人間ではありません。戦争は、人間から人間を奪《うば》うのです。そのような戦争を、私たちは、二度と繰《く》り返してはいけない。私は痛切にそう思います。今の若い人たちに、どうしても私の経験した生身の戦争体験を知ってほしく、この文章をしたためました。最後までお読みくださって、本当にありがとうございます。

まず、この岩崎さんの文章の構造について、皆《みな》さんはどうお考えでしょうか？

〈話題〉＝自分…戦争体験者
　　↓
〈論拠《ろんきょ》〉＝東京大空襲下での具体的な体験
…弟が死んだと誤解したとき、母も自分も、感情が空っぽになったかのようだった。
　　↓
〈主張〉＝戦争は、人間から心を奪い、人間でなくしてしまう。だから私たちは、二度と戦争を繰り返してはいけない。

という構成に、論の破綻《はたん》は見当たらないですよね。すなわちこの文章は、**〈首尾一貫性《しゅびいっかん》〉**のある論理的な構成を持っていると言えます。

けれども、もちろん、より説得力の高い文章へと練り上げることは可能です。前回の学習

を終えた皆さんなら、その方法はすぐにわかるはず。前回学んだのは、

文章作法・その6
〈論拠〉は複数用意する！　ただし、一つ一つを詳《くわ》しく書く！

ということでしたね？

岩崎さんの文章は、このままでも十分に説得力のある内容になっていますが、〈主張〉を論証するための〈論拠〉が、一つしかありません。ここにもう一つ、「戦争は、人間から心を奪い、人間でなくしてしまう」という〈主張〉を強めるための具体的な経験や知見を用意することができたなら、読み手の「なるほど！　その通りだ！」という思いも、より強いものとなるはずです。

小池　……ということなのですが、どうでしょう、岩崎さん。岩崎さんご自身の体験でも

いいですし、あるいは書物で読んだ内容やどなたかから聞いたお話でもかまいません。「戦争は、人間から心を奪い、人間でなくしてしまう」というご主張につながるようなエピソードや見聞、他に何か思いついたりしますか?

岩崎 ……そりゃあ、もう。戦争を経験している人間にとってみれば、そんな話、腐るほどたくさんありますよ。

小池 なるほど……例えば……?

岩崎 そうねぇ……私のウチ、戦時中は叔父《おじ》夫婦も一緒《いっしょ》に暮らしていたんですけれど、その叔父が、小さい庭ですけれど、そこで菜園を作ったんですね。

小池 菜園……食糧難《しょくりょうなん》の対策です?

岩崎 ええ。サツマイモとか、かぼちゃとか……最も土地がやせてるし、まともな肥料もないから、甘《あま》みも何もない、筋張ったものしか育たないんですけどね。それでも大切な食糧でした。

小池 ずいぶんと大変だったのでしょうね。

岩崎 そうよ。ひどいときなんて、サツマイモのツルだって食べたんだから。みんな、本当にひもじい思いをしていたのよ……だから、あんなこともしてしまう。

小池　あんなこと？
岩崎　うちの菜園にね、ドロボウが入ったの。
小池　野菜ドロボウですか？
岩崎　もちろん、そうよ。あんなスカスカのかぼちゃをね……それで、それを見つけた叔父は、そのドロボウを散々に殴って、蹴《け》って……。
小池　……。
岩崎　そのときも、同じ。叔父だって、ふだんは本当におっとりとした優《やさ》しい人間なの。でも、ドロボウを叩《たた》いているその顔には、表情というものがなかった。そして、それを見ている私たちも、ただただぼうっと眺めていただけ。ドロボウが逃げていったその後は、皆、何事もなかったかのようにその日を過ごしたのよ。
小池　なるほど。強烈《きょうれつ》な体験ですね……。
岩崎　他にもたくさんあるわ。戦後に上野へ行ったときも……あの子たちのあの視線……今でもはっきりと思い出せる。
小池　ちょっと待って、岩崎さん。野菜ドロボウのことでもいいし、今話しかけた上野のお話でもいい。それをこの作文に付け足して、もう一度書き直してみませんか？　今のままでも十分にすばらしい文章ですけど、もっともっと、子どもたちにとって説得力のある文章にすることができると思います。

岩崎 もちろん、ご指示のままに。ドロボウのことも、上野のことも、そしてそれ以外のことも全部書いちゃっていいかしら？

小池 いえ……読むのが小学生であることを考えれば、そんなに長い文章にはできませんよね。ですから、付け加えるエピソードは、あと一つだけにしましょう。

岩崎 わかりました。

小池 岩崎さん、今日は時間あります？

岩崎 年寄りですから、時間しかないですよ（笑）

小池 ハハハ！　じゃあ、あちらに自習室があるので、よかったらそこで書き直してみません？　僕も早く読みたいですし。

岩崎 では、そうさせていただきます。

小池 書けたら声をかけてくださいね！

（1時間ほど経過）

岩崎　センセ、こんなふうに直してみたのですけど、どうかしら。先ほどお見せした箇所《かしょ》は、そのままにしておきました。

【文章1－b】

ラジオから終戦の詔勅、いわゆる玉音放送が流れ、日本の敗戦が告げられたとき、私はまだ幼い少女でした。私は、戦争体験者なのです。忘れもしません。1945年3月10日の未明、私の住んでいた東京都の下町は、B29の爆撃を受け、炎に包まれました。いわゆる、東京大空襲です。私は、母と、妹と、そして母に抱かれたままのまだ赤ん坊だった弟と、降り注ぐ焼夷弾を見上げながら、こっちだ、あっちだ、と、逃げまどっていました。焼夷弾は、私の目の前にも落ちました。あと30センチ私が前にいたら、私は今こうして、この文章を綴ることもできなかったでしょう。私は幸運にも、焼夷弾を避けることができたのです。けれども、次の瞬間、背後から悲鳴が聞こえました。妹でした。振り

返ると、弟を抱っこしたままの母が、数メートルも向こうにあおむけになってい
ました。爆風で吹っ飛ばされたのです。母は、すぐにむくりと起き上がりました。
私たちも駆け寄りました。そして、母の抱く弟が無事かどうか、のぞき込んだの
です。赤ん坊の口の周りには、どす黒い血の塊のようなものがへばりついていま
した。終わった、と思いました。母も、ぼそりと、「死んだね」と言いました。本
当に、何の感情も感じられないような、冷たく、抑揚のない言い方でした。目の
前の事実を、何の思いも交えずに、淡々と描写しているかのような口ぶりでした。
何より私自身も、悲しみを覚えるでもなく、怒りに震えるでもなく、一つの生命
の死を、ただぼーっと眺めているだけだったのです。もっとも、弟は死んではい
ませんでした。口の周りにこびりついたドロに、炎が反射して、血のように見え
ただけでした。ですから後年そのことは、「あのときはおしまいかと思ったよ」と、
家族の笑い話になりました。私も笑いました。でも、心の底では笑えませんでした。
あのときの、感情がからっぽになったかのような母や私の様子を思い出すにつけ、
私は今でも、ゾッとするのです。

戦争が終わって少したってから、私は、それが何の用事だったかは忘れてしま

いましたが、祖母に連れられ、出かけました、上野へ。昼下がり、祖母はそこいらにある手ごろな石段に私を座《すわ》らせ、そして、自分も腰を下ろしました。「お弁当をつかおう」といって風呂敷《ふろしき》包みから取り出したのは、なんと白米でこしらえたおむすび。おむすびが、「私を食べて」とニコニコ笑っているのです。私は思わず、歓声《かんせい》。今の若い方々には想像もできないでしょうが、当時は、物資があまりにも窮乏《きゅうぼう》し、めったに口にできるものではなかったのですよ、白いご飯なんて……！おいしいおいしい塩むすび！私は夢中になってそれをほおばりました。まるで世界に私とおむすびしかないかのよう。ところが、私が二つ目のおむすびに手をつけようとした、そのときです。突如《とつじょ》祖母が、「しっ、しっ！」と、前方に向けて手で追い払《はら》うしぐさをとりました。私は動かしていた口を止め、祖母の視線の先に目をやりました。刃物《はもの》のように鋭《するど》い視線は、すぐ目の前に刺《さ》さっていました。数人の男の子——いや、男の子か、女の子か、わかりません。針金のようなぼさぼさの髪の毛に、全身は蒸気機関車のすすで汚《よご》れたかのようでした。ただ、その子らが、おそらくはそのときの自分とそう変わらない年齢《ねんれい》であることは、その子らの背丈《せたけ》から想像できました。戦争浮浪児《ふろうじ》。あの時代、たくさんいました。戦争で両親を失ってしまい、路上で生活をする子どもたち。その子らは、私の手にしていたおむすびを、じっと見つめていました。ただひたすらに、じっと。「おくれ」とも言いません。つばも鳴らしません。なんというか、自分たちとは関係のない遠くの出来事を、空《むな》しい目つきでただただ眺めている、という風でした。それでも私は、おむすびを分けてあげるべきだったのでしょう。だけど、私はそれをできませんでした。かわいそうだとも思いませんでした。私と彼らとの間を、透明《とうめい》な壁《かべ》がさえぎっていたのです。じっと見られていることに何も感じず、またおいしいおいしいおむすびをほおばり、ぺろり、ぺろり。いつのまにか、あの子たちもいなくなっていました。祖母と私は、何事もなかったかのように、その場を離《はな》れ、家路につきました。

心を失った人間は、もはや人間ではありません。戦争は、人間から人間を奪うのです。そのような戦争を、私たちは、二度と繰り返してはいけない。私は痛切にそう思います。今の若い人たちに、どうしても私の経験した生身の戦争体験を知ってほしく、この文章をしたためました。最後までお読みくださって、本当にありがとうございます。

どうでしょうか。細かいところはともかく、だいぶ説得力が増したのではないでしょうか。

念のため**〈文章の構造〉**を整理しておくと、

〈話題〉自分…戦争体験者

↓

〈論拠〉東京大空襲下での具体的な体験

…弟が死んだと誤解したとき、母も自分も、感情が空っぽになったかのようだった。

↓

〈論拠〉上野での具体的な経験

…戦争浮浪児におにぎりを食べているところをじっと見られるが、何も感じることはなかった。

↓

〈主張〉戦争は、人間から心を奪い、人間でなくしてしまう。だから私たちは、二度と戦争を繰り返してはいけない。

となります。「戦争は、人間から心を奪い、人間でなくしてしまう」という〈**主張**〉を導くために、二つの〈**論拠**〉を用意したわけですから、読み手はより一層、それに納得することができる。

ただし、です。

今回も、もちろん、「論理的な文章」を書くうえでの新しい観点を紹介するわけで、つまりはここからが、このセクションの本論に入るということになります。もっとも、「新しい」とはいっても、実はこれまでに紹介したいくつかの作文は、その方法をもって組み立てられていたのですけれども。

では、まず、**第1部3章**に引用した、例の小学生の作文を再度参照してみましょう。

【文章2】

ぼくには、中学生の兄が一人います。

兄は、幼稚園《ようちえん》のころからスイミングスクールに通い続け、中学二年生のときには、東日本大会の個人メドレーで決勝にまで進みました。

また、学校の成績もすばらしく、テストもずっと学年一位の点数をとり続け、この前、名門高校への推薦《すいせん》をとることができました。

このように、兄は本当にすごい人なのです。

ぼくも兄のような人間になりたいです。


この文章の構造と、岩崎さんが書き直した文章の構造と、その違《ちが》いがわかるでしょうか？それを明らかにするために、こちらの文章も、その構造を、もう一度整理し直してみたいと思います。

〈話題〉中学生の兄
←
〈論拠〉スイミングの東日本大会で決勝に進出

〈**論拠**〉学業優秀《ゆうしゅう》←

〈**主張**〉自分も、こうしたすごい人間になりたい。←

とまとめたところで、当然、「『このように、兄は本当にすごい人なのです。』という一文についての分析《ぶんせき》が抜《ぬ》けているぞ！」という指摘《してき》が入ることと思います。

その通りです。

前回の**3章**では、実はここについての説明は、あえて省いていたのですね。

では、逆に考えてみましょう。右に整理した〈**文章の構造**〉のなかで考えるなら、この「このように、兄は本当にすごい人なのです。」という一文は、いったいどのような働きを担《にな》っているると考えられるでしょうか。

おそらくこう聞くと、多くの方が、「冒頭《ぼうとう》に『このように』とあるのだから、それまでの内容をまとめる働きだ」と答えるでしょう。そして、それはもちろん正解です。では、この一文が〈まとめている〉のは、どこからどこまでの範囲《はんい》でしょうか――などと聞くまでもなく、それもすぐにわかると思います。

〈論拠〉スイミングの東日本大会で決勝に進出

↓

〈論拠〉学業優秀

という、この二つの**〈論拠〉**の具体的な内容をまとめる＝抽象《ちゅうしょう》化していることは、一目瞭《いちもくりょう》然《ぜん》ですよね。つまり、この小学生の作文の構造は、

〈話題〉中学生の兄

↓

〈論拠〉スイミングの東日本大会で決勝に進出

↓

〈論拠〉学業優秀

↓

〈抽象〉兄はすごい人だ。

↓

〈主張〉自分も、こうしたすごい人間になりたい。

と整理されるわけです。

もう一つ、**1**章で紹介した、模範例としての「自己PR書」を確認《かくにん》してみましょう。

【文章3】

私は新聞部に所属しています。そこで「部活動紹介」という連載《れんさい》を担当したのですが、練習時間がとられることを嫌《いや》がり、取材に非協力的な部活もありました。また、わが校は部活動が盛んで数多くの部活があるのですが、そのすべてを取材するのは本当に大変です。しかし私は、この仕事を最後までやりとげました。このように、私の長所は努力を継続《けいぞく》することができることです。この粘《ねば》り強さを、貴校での学びでもぜひ発揮したく思います。

こちらも実は、

〈話題〉新聞部での活動

←**〈論拠〉**非協力的な部活もあるなか、「部活動紹介」をやりとげた。

←**〈論拠〉**数多くの部活を取材するのは大変だったが、「部活動紹介」をやりとげた。

←**〈抽象〉私の長所は、努力を継続できることだ。**

←**〈主張〉**この粘り強さを、貴校の学びでも発揮したい。

という**〈文章の構造〉**を持っていたわけですね。

では、このように、具体的な**〈論拠〉**の後にいきなり**〈主張〉**を置かず、**〈論拠〉**をまとめる＝抽象化する記述（＝〈抽象〉）を置くことのメリットは何か。実はこの点こそが僕の恩師である市毛勝雄先生が最も力説なさっていたところなので、これについては、先生のご著作から直接引用させていただきたく思います。なお市毛先生は、ここで〈抽象〉と呼ぶ概念《がいねん》のことを、「考察」「まとめ」「束《そく》」とお呼びになっています。また、引用文中の「本論」とは、本書で言うところの〈論拠〉のことです。

(5) 考　察

これまでの文章の書き方で、一番弱点とされてきた部分である。この部分を省略して、いきなり結論を書くと「論理の飛躍《ひやく》」になる。

ここは資料を各部の分析をまとめたり、先行研究と自分の資料とをいろいろな角度から比較《ひかく》検討したり、本論の叙述《じょじゅつ》の要点をまとめてその意義を述べる等、結論（主張）を述べる前段であり、本論のまとめに当たる部分である。ここでは資料の引用は行わない。

本書ではこの部分を「まとめ」・「束」と呼ぶことにする。

本書の用語を用いて言い換《か》えるなら、〈論拠〉と〈主張〉とを直接つなげるのではなく、間に〈抽象〉を挟《はさ》む——つまり、〈論拠—抽象—主張〉という構成にすることで、「論理の飛躍」を防ぐことができるということです。具体的な〈論拠〉を〈抽象〉でいったんまとめることにより、スムーズに〈主張〉につながっていく文章になる、ということですね。この点を意識すると、文章の論理性、すなわち〈首尾一貫性〉が向上してぐっと締《し》まった印象を与《あた》えることができるので、これからぜひとも実践《じっせん》してみてください。

（『間違いだらけの文章作法』明治図書　p70〜71）

文章作法・その7

〈論拠〉と〈主張〉の間に〈論拠〉の内容をまとめた〈抽象〉を置くと、文章の〈首尾一貫性〉が向上する！

岩崎 なるほど、〈論拠〉の後には〈抽象〉を置く、ということね……確かにそのほうが、文章がキリッて締まる感じがする。

小池 そうなんですよ。ここ、かなり重要な点なんですよね。

岩崎 つまり、私の作文も、「東京大空襲《だいくうしゅう》下での具体的な体験」と「上野での具体的な経験」とを書いた後に、その二つのエピソードをまとめた〈抽象〉を用意する、と。

小池 ですね！ 今日、書き直していきます？

岩崎 さすがに疲《つか》れちゃったし腰もちょっと心配だから、今日は帰りマス。また来週きますので、センセ、どうぞよろしくお願いいたします！

実は岩崎さんの作文の加筆修正部分、つまり「上野での具体的な経験」について書いた段落は、まだ修正したい点があったりします。それについては、**第2部4章レトリックについて**で詳《くわ》しく分析《ぶんせき》したいと思います。

☆この回の続きは、第2部4章で扱います。ただし、まずはすべての回を順番通りに読み進めてください。

05 説得力のある書き方とは？ 1

case 5
倉内さん
20代男性

倉内 こんにちは、先生。今日はこんな原稿《げんこう》を持ってきたのですが。

小池 お。倉内さんこんにちは。ブログの原稿ですか？

倉内 はい。

小池 私も拝読していますが、本当にマメに続けることができていて、すごいですねぇ。お勤めしながらなのに。

倉内 まあ、私のライフワークみたいなものなので。ただ……。

小池 ただ？

倉内 最近、読者の反応が薄《うす》くなってきているんですよね。コメントもあまりもらえなくて。なんとかスランプを脱出《だっしゅつ》したい。

小池 わかりました。ともかく、原稿、読ませていただきます。

倉内 お願いします。

【文章1】

昨今の教育改革では、「主体性」という言葉が金科玉条の理念として語られています。なるほど、様々な情報や選択肢《せんたくし》にあふれている現代社会においては、そうした行動が求められるのは間違《まちが》いありません。しかし、そういった「主体性」を重んじる主張を言うような文章や発言のなかに、しばしば「知識を暗記する」というこれまでの教育を否定するような言葉を見聞きすることがある。私は、そうした聞き古したようないかにもお約束の言い回しには、やはり首をかしげてしまうのですね。

私たちはしばしば、議論ということをします。私たちの生きる社会が民主主義によって成り立っている以上、市民の一人一人が自らの意見を持ち、それを他者と交換《こうかん》することによって民意というものを形成していくことは、非常に大切なプロセスになりますからね。しかしその際、自らの言葉を他者に聞いてもらうためには、大前提として、自分の意見や考えを伝えるための語彙《ごい》を持っていなければいけない。

また、近年、政治というものに対する市民一人一人の積極的なかかわりの重要性を訴《うった》える声が、SNS等でも強くなってきています。私もそれに触発《しょくはつ》され、以前よりもニュースや新聞の政治面に注意を払《はら》うようになりました。ところが、そこに報道されていることに、いまいちピンとこない。考えてみればこれは当然で、私には、それを腑《ふ》に落とすことができるに十分な知識が欠けていたわけです。先ほど「民主主義」などという概念《がいねん》を例に挙げましたが、その「民主主義」一つとってみても、きちんと自分の言葉で説明できるわけではなかった。ですから私は、書店に行き、高校の政治経済の教科書を購入《こうにゅう》しました。そしてそれを、ノートにまとめながら読み込《こ》んだんですね。すると、見えてくる。ニュースの声や新聞の活字の向こうに、そこに語られる問題が、くっきりとつかみとれる。

このように、知識というものは、「主体性」をもって発言したり、考えたり、活動していくうえで必須《ひっす》の条件となるのです。そしてそれを所持するためには、やはりどうしたって、「暗記」という方法は避けては通れません。

未来を担《にな》う若者たちが主体性を獲得《かくとく》していくことは、教育における大切な目標とすべきでしょう。そしてそのためには、「知識の暗記」というプロセスが欠かせ

ない。「主体性」の重要性が唱えられる今こそ、「暗記」にまつわる負のイメージを払拭《ふっしょく》し、より積極的に知識を吸収できるような教育体制を構築することが求められるのではないでしょうか。

倉内さんの文章でなかなかおもしろいのが、冒頭《ぼうとう》の〈話題〉段落の内容です。そこで示されているのは、まずは〈教育改革における主体性という理念〉とそれに伴《ともな》う〈知識の暗記を否定する風潮〉であるわけですが、この時点で倉内さんは、**第1部2章**で学習した、

文章作法・その5

〈一般論《いっぱんろん》／主張〉の対比を用いると、〈主張〉がより明瞭になる！

というメソッドを応用し、

一般論　主体性が大切↓暗記はダメ
⇔
主張　そうした考え方に首をかしげる

という対比のなかで、すでに〈教育において暗記というプロセスは大切だ〉という〈主張〉を示唆《しさ》してしまっているのですね。

本書ではここまで、いかにして「論理的な文章」を書くか、ということにこだわってきました。それはもちろん、「論理的な文章」とはどのようなものを言うのかという問いとほぼ等しいわけですが、それについては何度も強調してきた通り、〈話題→論拠《ろんきょ》→主張〉という〈文章の構造〉から生じる〈首尾一貫性《しゅびいっかん》〉を持った文章のことであるわけです。そして第1部3章で〈論拠〉を複数用意することの効果を説明し、また、前回そこに〈抽象《ちゅうしょう》〉というもう一つの要素を付け足しましたから、〈話題→論拠①→論拠②→抽象→主張〉という構造が、「論理的な文章」の典型的なモデルということになります。ですが倉内さんの文章では、その〈話題〉の部分に、〈主張〉が先取りされているのですね。

ただし、この点については何の問題もありません。〈話題〉において軽めに〈主張〉に触《ふ》れておき、〈論拠〉とその〈抽象〉を経て、再度より直接的に〈主張〉を述べる。このような展開にしたところで、〈首尾一貫性〉が崩《くず》れることはありませんからね。むしろ、ビジネス系の文章などでは、まずは〈主張〉を提示する！という方法が推奨《すいしょう》されることもあります。「わが社も○○の開発に着手すべきです。なぜなら〜」という展開ですね。会社での企画《きかく》会議や交渉《こうしょう》などでは、相手は結論すなわち〈主張〉を先に知りたいでしょう。逆に、「筆者はこの〈話題〉のふりかたと〈論拠〉から、いったいどのような〈主張〉を述べたいのか」という、ある種のミステリー感を持たせたほうが読み手の興味関心を喚起《かんき》できる場合もあるはずです。ここらへんは、想定される読者層やコンテクストによって臨機応変にバリエーションをつけてみてください。

しかし、実は倉内さんの文章には、〈首尾一貫性〉という点において、一点、問題が見られます。例によって、この文章の構造を整理してみましょう。

〈話題〉「教育においては主体性が大切であり、知識の暗記はよろしくない」という考え方はおかしい。

←
〈論拠①〉議論において自分の考えを他者に伝えるには、語彙が必要である。

←
〈論拠②〉政治経済の知識を持つことで、ニュースや新聞の報道を正確に理解できる。

←
〈抽象〉知識は主体性をもった発言・思考・活動に必須であり、その獲得には暗記が欠かせない。

←
〈主張〉主体性を育むためには、暗記を重視した教育が必要だ。

まず、**〈話題〉**と**〈主張〉**に関しては、しっかりと一貫していることがわかります。**〈話題〉**で暗記否定論を批判し、**〈主張〉**で暗記の重要性を訴《うった》えているわけですからね。

では、**〈論拠①〉**と**〈抽象〉**との一貫性はどうでしょうか。言い換《か》えれば、**〈論拠①〉**は**〈抽象〉**の内容を証明するような具体的記述になっているでしょうか。

〈**抽象**〉知識は主体性をもった発言・思考・活動に必須
〈**論拠①**〉語彙は自己の考えを他者に伝えるのに必要

と整理してみると、〈**抽象**〉における「知識」が〈**論拠①**〉における「語彙」と対応し、また、〈**抽象**〉における「主体性をもった発言・思考・活動」が〈**論拠①**〉における「自己の考えを他者に伝える」と対応することがわかります。つまり、〈**論拠①**〉と〈**抽象**〉との間には、確かな〈**首尾一貫性**〉が認められるわけですね。
それなら、〈**論拠②**〉と〈**抽象**〉とのつながりはどうか。

〈**抽象**〉知識は主体性をもった発言・思考・活動に必須
〈**論拠②**〉政治経済の知識を持つことで、ニュースや新聞の報道を正確に理解できる。

もちろん、〈**抽象**〉における「知識」は、〈**論拠②**〉における「政治経済の知識」と対応しています。しかし〈**論拠②**〉における「ニュースや新聞の報道を正確に理解できる」という内容は、〈**抽象**〉における「主体性をもった発言・思考・活動」を具体化したものと言えるかどうか……。正直微妙《びみょう》なところだとは思いますが、「ニュースや新聞の報道を正確に理解できる」だけでは、「主体性をもった発言・思考・活動」とまで呼ぶのはちょっと違和感《いわかん》があるのではないでしょうか？　この〈**論拠②**〉の具体的な記述が、よりはっきりと「主体性」を想起させるような内容になっていれば、〈**論拠②**〉と〈**抽象**〉は、もっとスムーズにつながるはずです。もちろん、他の要素の一貫性は十分に保たれているわけですから、この点を修正すると、本文全体の論理性がいっそう向上することになります。

倉内　なるほど……。〈論拠②〉が、単に「政治経済の知識を仕入れるとニュースや新聞がわかりやすくなるよ」と言っているだけなのに、それを〈抽象〉では、「知識は主体性をもった発言・思考・活動に必須」とまとめてしまっている。そこに、ズレがある、ということですね？

小池　ちょっと細かいかもしれませんが、つまりはそういうことです。

倉内　確かに、単にニュースや新聞を理解するだけでは、「主体性」というイメージにまではつながらないかもしれませんねぇ。となると……

小池　何かいい案が浮《う》かびました？

倉内　はい……ちょっとお待ちください。いまスマホで追加分の草稿を作ってみます……。よし、と。先生、〈論拠②〉の最後に、このような内容を付け足すのはどうでしょうか？

以降、私も当ブログやあちこちのメディアで、政治の問題について自分の考えを発信してきました。もちろん私の活動など微力も微力ですが、しかし少なくとも、政治経済の教科書を復習しなおすことで、「主体性」をもって政治にかかわれるようになったことは間違いありません。

小池　なるほど！

倉内　はい。政治経済の知識を手にしたから、ニュースや新聞の内容が理解できるようになった。だからこそ、それについて考えて発信する、すなわち、主体性をもって政治にかかわれるようになった――このような内容を書き足せば、「知識は主体性をもった発言・思考・活動に必須」という〈抽象〉の内容と、しっかり対応するかな、と思いまして。

小池 さすが書き慣れているだけありますね！ その方向で大丈夫《だいじょうぶ》ですよ。

倉内 ありがとうございます！

さて、繰《く》り返しますが本書はここまで、いかにして「論理的な文章」を書くか、ということにこだわり、そして〈**話題→論拠①→論拠②→抽象→主張**〉という構造が、〈**首尾一貫性**〉を持った「論理的な文章」の典型的なモデルであることを説明してきました。さらに、そこに〈**一般論／主張**〉**の対比**などを組み込むことができると、より明瞭な構造を持った文章となることにも言及《げんきゅう》しました。そしてここからは――**第1部**も残りあとわずかとなりましたが、

説得力のある書き方とは？

というテーマに焦点化《しょうてんか》していきたいと思います。

もっとも、文章における「説得力」とは何よりもまずその〈**首尾一貫性**〉に由来するもの

であるわけですから、これまでの話の延長線上にあるテーマとして読んでもらえれば幸いです。ただ、〈**首尾一貫性**〉の場合は文章の構造や組み立て方に着目するわけですが、今回と次回については、内容という点に即《そく》して「説得力のある書き方」について解説してみたいと考えています。とりわけ今回は、**第1部2章**で強調した、

文章作法・その4
指定字数をクリアするためには、〈論拠〉に厚みを持たせよ！

という観点を、より詳細《しょうさい》に具体化していきたい。
とはいえ、**第1部2章**（p45～46）で、

なお、ここでいう「厚みを持たせる」というのは、具体的には、

・一つの〈論拠〉を、より掘り下げて記述する。
・二つ、ないしは複数の〈論拠〉を併記《へいき》する。

といったことを意味しています。この点についての詳細は、次回、**3章 論理的な文章って？③**で扱《あつか》いたいと思いますので、もう少々お待ちください。

と予告した通り、〈**論拠**〉に厚みを持たせるという方法における「二つ、ないしは複数の〈**論拠**〉を併記する。」という点については、**第1部3章**で詳《くわ》しく説明しました。よってこの章では、

一つの〈**論拠**〉を、より掘り下げて記述する。

という方法について、詳細に見ていきたいと思います。

【文章２－ａ】

高３の夏まで部活を続けた私が、どうして現役で難関大学への合格を決めることができたのか。例えば私は、知識の暗記については隙間《すきま》時間を利用するよう心がけた。また、授業で習ったことは授業内で理解、定着できるように努力した。このように、足りない時間で学力を上げるために、いろいろと勉強法を工夫したのだ。これから受験勉強を始める皆《みな》さんにも、ぜひ参考にしてほしい。

この【文章２－ａ】の良い点については、皆さんもすぐにわかるかと思います。この文章は、

〈話題〉高3まで部活を続けた私が難関大学に現役合格できたわけは？
↑
〈論拠①〉知識の暗記は隙間時間を利用した。

〈論拠②〉授業の内容は授業内で理解、定着できるように努力した。　←
〈抽象〉足りない時間で学力を上げるために、勉強法を工夫した。　←
〈主張〉受験勉強を始める人たちは参考にしてほしい。　←

という構成になっており、「論理的な文章」としての**〈首尾一貫性〉**については問題ありません。何を言いたいのかが、明瞭な文章ですよね。

しかし、欠点もある。それはなんといっても、二つの**〈論拠〉**の内容が薄く、それを踏《ふ》まえて「参考にしてほしい」と言われたところで、読み手は「なるほど！」とは思えないという点です。まさに、「**〈論拠〉**を、より掘り下げて記述する」という観点が必要となってくるわけですね。

では、どうするか？

それについては、以下の**【文章2－b】**を読んでから結論を出しましょう。

【文章2－b】

高3の夏まで部活を続けた私が、どうして現役で難関大学への合格を決めることができたのか。

私は、知識の暗記については隙間時間を利用するよう心がけた。例えば通学の電車のなかでは、毎日必ず英単語帳を読んだ。もちろんこのようなことは多くの受験生が普通にやっていることであるが、私はそのなかでどうしても覚えられない単語をリストアップし、まず、スマートフォンの待ち受け画像に設定した。あるいは、教科書や参考書に用いるしおりを厚紙のカードにして、そこに書き込んでおいたりもした。さらに、書類を入れるクリアファイルにも単語リストを挟《はさ》んだり、防水加工のシートを風呂に貼り付けたり、とにかく、いわゆる勉強時間以外にもそれらの単語がいつでも目に付く状況《じょうきょう》を強引《ごういん》に作ってしまったのだ。

また、授業で習ったことはできるだけ授業内で理解、定着できるように努力した。そのために大切なのが、機械的にノートをとらないことだ。先生のおっしゃることを自分なりに考え、そして重要だと思われるところをメモに残す。ただしこの考えながらメモをとる、という方法は、かなりの筆記スピードを要求する。だから、消しゴムなどは使わない。間違えた場合は、バツでもつけておけばいい。また、折れやすいシャープペンシルではなくボールペンを用いる。色もいちいち変えずに、ノートに映《は》えやすい青だけ。罫線《けいせん》を意識するとその分筆記のスピードは落ちるから、無地のノートを選ぶ。

このように、私は、足りない時間で学力を上げるために、いろいろと勉強法を工夫した。

これから受験勉強を始める皆さんにも、ぜひ参考にしてほしい。

説明するまでもないですよね。要するに、〈**論拠①**〉と〈**論拠②**〉の内容を、より具体的に肉付けしたわけです。もちろん指定された字数がある場合にはそれを守ることは鉄則ですが、しかしながら、その制限のなかでも、〈**論拠**〉を具体的に記述する、という点は、ギリギリまで追求してほしい。なぜかといえば、それは当然、「**説得力のある書き方**」となるからです。「私は筋トレをがんばった」というよりも、「私は一日100回腕立《うでた》て伏《ふ》せをし、それを一年間休むことなく継続《けいぞく》した」といったほうが、「おお！　すごい！」となりますよね。
つまり、「**説得力**」が増しているわけです。

文章作法・その8
〈論拠〉はできるかぎり具体的に記述せよ！

倉内　**なるほど、〈論拠〉は具体的に、ですか……。となると私の文章の場合は、この箇所《かしょ》に情報を肉付けしろ、ということになりますね。**

〈論拠①〉議論において自分の考えを他者に伝えるには、語彙が必要である。

←

〈論拠②〉政治経済の知識を持つことで、ニュースや新聞の報道を正確に理解できる。

小池　まさにそうなりますね。

倉内　まずは、「議論において自分の考えを他者に伝えるには、語彙が必要である」ということを、具体的な事例を挙げながら加筆していく……。

小池　そうですね。倉内さん自身の経験でもいいし、何かしらの状況を想定して書いてみてもいい。何か、「こんな語彙を持っていたから、○○という自分の考えを端的《たんてき》に相手に伝えることができた」というような内容を説明したい。

倉内　はい。ということは、二つ目の「政治経済の知識を持つことで、ニュースや新聞の報道を正確に理解できる」についても、具体的な政治経済の用語を挙げながら、それによって理解できるようになったニュースや新聞の報道について、これもまた具体的な内容を示しながら記述する、と。

小池　ですね。その二点を修正すれば、〈論拠〉がかなり厚い内容になって、結果として〈主張〉の説得力も相当に向上するはずです。

倉内　わかりました。では、次回までに修正してきます！

小池　あ……もう一点、これは今回のテーマとは関係ないのですが……。

倉内　はい！

小池　倉内さんの文章は、要するに、「主体性を獲得するためには知識の暗記が大切だ」と主張しているわけですよね。

倉内　ええ、そうなります。

小池　この〈主張〉を構成する要素のうち、「主体性」という概念は、抽象的でややわかりにくい。こうした語句を重要語として用いる場合は、読み手との間に共通了解《りょうかい》を築いておくべきです。辞書の定義などで大丈夫ですから、最初のほうでしっかりと、その内容について説明しておいたほうがいいかもしれません。

倉内　なるほど……！

この第1部5章の最後に、少しだけ思い出話をさせていただきます。何度も繰り返すように、本書は、市毛勝雄先生のご授業やご著書から学ばせていただいたことを土台として執《しっ》筆《ぴっ》したものです。そして今でも鮮明《せんめい》に思い出すのが、「国語科教育法」というご講義で先生が強調なさっていたこと。一つは前回紹介《しょうかい》した、〈抽象〉(先生はこれを「まとめ」「束《そく》」とおっしゃいます)の重要性。これは文章の組み立て方の問題ですね。そしてもう一つが、今回説明した、〈論拠〉(先生はこれを、「なか」とおっしゃいます)を具体的に書くことの重要性です。すなわち、「文章にはオリジナリティが大切だが、それを〈主張〉において出すことは難しい。文章のオリジナリティは、〈論拠〉に何を選ぶか、そしてそれをどう具体的に記述することができるかにかかっている」と。確かに、「努力」と抽象的に言うだけではオリジナリティなど出ようもないですが、その「努力」の具体的な内容については、個々人によって無数に存在するはずです。まさに具体的な書き方こそが、文章の個性や独創性、すなわちオリジナリティを保証することになるのですね。

☆この回の続きは、第2部5章で扱います。
　ただし、まずはすべての回を順番通りに読み進めてください。

06 説得力のある書き方とは？ 2

case 6
渡辺さん
40代女性

渡辺 先生、こんにちは。

小池 渡辺さん、こんにちは。今日はお仕事のほうは大丈夫《だいじょうぶ》なんでしたっけ？

渡辺 有給とりました。それに今日は夫が家事育児担当の日なので、一日、自由（笑）

小池 なるほど。それで、今日のご相談とは？

渡辺 それなんですよ、先生。実はアタシ、町内会の役員をしているんですけど、そこでこんなことを提案してみようと思ってて。先生、〈やさしい日本語〉ってご存じですか？

小池 〈やさしい日本語〉、ですか……すみません、恥《は》ずかしながら不勉強で。

渡辺 いえいえ……簡単に言えば、海外から来られた方々にも通じるような、伝わりやすく工夫した日本語のことなんです。

小池 ほう！

渡辺 〈やさしい日本語〉の「やさしい」っていうのは、性格が優《やさ》しいとかの「優しい」と、易しい文章とかの「易しい」と、両方の意味がかけられるんですよ。

小池　なるほど。これは勉強になります。

渡辺　で、アタシ、こんなことを考えてみたんです。

小池　拝読します。

【文章1】

町内会の皆様《みなさま》へご提案いたします。わが○○町でも、ぜひ、〈やさしい日本語〉の導入について検討してみませんか？

近年この○○町にも海外から来られた方が増えてきましたが、その数は、これからますます増加していくことと思われます。わが町でも、多文化共生は、活気ある町づくりのためにも大切な課題となるはずです。

ここで重要になってくるのが、海外から来られた方々とのコミュニケーションをどうとるか、ということです。

公益財団法人しまね国際センターのホームページには、〈やさしい日本語〉の使い方が、具体的に紹介《しょうかい》されています。以下、少しだけ引用しておきたいと思います。

「やさしい日本語」の作り方

文・語彙《ごい》　単語や文の構造を簡単に、分かりやすく！

情　報　必要に応じて説明を加え、相手に理解しやすく！

以上の原則をもとにしたさらに具体的な「作り方」があるのですが、それを応用すると、あまり日本語に慣れていない外国人にも読めるような書き方にすることができる、というわけですね。

今後ますます加速するはずの在留外国人の増加を背景として、彼らと共に生き、よりよき社会を導くうえで、こうした〈やさしい日本語〉を導入することは、とても重要な意味を持つことになるはずです。

私たち○○町もまた、〈やさしい日本語〉の勉強会などを定期的に開催《かいさい》し、例えば町内会の会報、各種掲示物《けいじぶつ》——ゴミ出しのルール、災害時における避難所や避難経路、お祭りや各種イベントの告知、子育てサークルなど——について、徐々《じょじょ》にこの〈やさしい日本語〉による表記を取り入れていくべきではないでしょうか。

では、例によって、この渡辺さんの文章を、その構造という観点から整理してみましょう。

〈話題〉○○町でも〈やさしい日本語〉の導入について検討すべき。

←

〈論拠《ろんきょ》①〉○○町でも外国人の数は増えており、多文化共生のために彼らとどうコミュニケーションをとるかを考える必要がある。

←

〈論拠②〉日本語に慣れていない外国人にも読めるような〈やさしい日本語〉の作り方の紹介。

←

〈抽象《ちゅうしょう》〉増えゆく在留外国人との共生、よりよき社会の構築において、〈やさしい日本語〉の導入は重要な意味を持つ。

←

〈主張〉○○町でも〈やさしい日本語〉の勉強会を開き、徐々に導入していくべき。

以上のようにまとめられるのではないでしょうか。

すぐにおわかりかと思いますが、この文章もまた、前回の倉内さんの文章と同じく、冒頭《ぼうとう》の〈**話題**〉ですでに〈**主張**〉を述べる形式になっていますね。前回は、とりわけビジネス系の文章において、この〈**話題＝主張→論拠→論拠→抽象→主張**〉という論の展開が有効になるという話をしましたが、こういった何かを提案するような文章でも、このような書き方のほうが説得力を持つかもしれません。俗《ぞく》にいう、「まず結論を言え！」という構成ですね。

では、全体の整合性についてはどうでしょうか？〈**話題**〉で述べた〈**主張**〉と、最終段落の〈**主張**〉は、ほぼ同じ内容の反復となっています。〈**論拠①**〉も〈**論拠②**〉も、冒頭と末尾で繰《く》り返される〈**主張**〉を唱えるのに必要な内容であると判断できます。そして〈**抽象**〉もまた、二つの〈**論拠**〉をきっちりとまとめた内容になっています。すなわちこの渡辺さんの文章は、〈**首尾一貫性**《しゅびいっかん》〉という点は、しっかりとクリアしている。

それならば、修正ポイントはどこでしょうか？

前回から、〈**文章の構造**〉よりも内容に即《そく》して、「**説得力のある書き方**」について考える回に入りました。もちろん、今回もそうした点に着目していくことになります。そこでひとま

ず、前回学んだ、

文章作法・その8
〈論拠〉はできるかぎり具体的に記述せよ！

という観点から、この渡辺さんの文章をより説得力のある内容へと修正することができないか、ちょっと考えてみましょう。

どうでしょう。

具体性という観点から考えて、渡辺さんの文章には決定的に欠けているところがあるのですが、気づけましたか？

端的《たんてき》に言ってしまえばそれは、〈やさしい日本語〉の使用例がないことです。

渡辺さんは、しまね国際センターのホームページから、〈やさしい日本語〉の作り方について、そのポイントを引用しています。しかし、そこに挙げられた原則に基《もと》づいた、実際に

〈やさしい日本語〉として表記された例文がない。これでは、〈やさしい日本語〉というものがどういう日本語なのかを知らない人は、あまりイメージできません。となると、この提案が町内会のメンバーに受け入れられる可能性も、低くなってしまいますよね。

小池　……というわけで、ぜひ、〈やさしい日本語〉で書かれた例文も紹介してほしいのですが……。

渡辺　ああー、なるほど！　それは確かにそうですね！

小池　今、何かパッと浮《う》かびます？

渡辺　そうですね……例えば、「土足厳禁です」とかなら……あ、ちょっとそこのメモ用紙、お借りしてよろしいでしょうか？

小池　どうぞどうぞ。

渡辺　ありがとうございます。では、書いてみますね。

靴《くつ》を　ぬいで　ください。

こんな感じになるんですね。

小池 あー、なるほど！「土足」とか「厳禁」とかの難しい語彙を、わかりやすく言い換《か》えて……あとは漢字にはルビをふるんですね。確かに、これなら読みやすい。

渡辺 それと、文節ごとに分かち書きすることも大切なんですよ。

小池 ふむ。

渡辺 こういうふうに表記していけば、日本語を母語としない人たちでもアプローチしやすくなりますからね。最近、とくに注目を集めている研究なんですよ。

小池 うん。これなら納得《なっとく》です。確かに〈やさしい日本語〉は導入すべきだと思えます。海外から来られた方々ときちんとコミュニケーションをとることができれば、社会は活性化するはずですからね。

渡辺 それだけじゃないんですよ？ 大切なのは、災害時における避難誘導《ゆうどう》などを、日本語非母語者にも確実に伝えられるということ。この〈やさしい日本語〉は、何より、災害時に外国人が安全確実に避難するうえで、絶対に欠かせないものなんです。実際に、地震《じしん》や水害などの際、一般《いっぱん》的な日本語での避難勧告《かんこく》が理解できず、結果として避難が遅《おく》れて犠牲になってしまった、などという話もあるんですね。

小池 **なるほど……。〈やさしい日本語〉、是《ぜ》が非でも広めなくてはなりませんね。**

ではここからは、「**説得力のある書き方**」について、具体性とは別の観点から新たに考えてみたいと思います。

まずはここで、**第1部3章**（p78～79）で述べておいたことを引用してみましょう。

先ほどまとめた【**文章3－b**】の構造ですが、

〈話題〉自由とは、本当に喜ばしいものなのか。

←

〈論拠〉自由研究という課題における大変さ、プレッシャー。

←

〈論拠〉フロム『自由からの逃走《とうそう》』に書かれた、近代市民社会における自由とその厳しさ。そしてそこから生じる、大衆の逃避《とうひ》願望。

←

〈**主張**〉自由は、その厳しさを自覚して追い求めるべきものだ。

という展開の中に、繰り返しますが、〈**論拠**〉が二つ述べられています。したがって、**【文章３－ａ】**に比べ、こちらのほうがより説得力の高い文章ということになるわけです。

ですが、この**【文章３－ｂ】**における〈**論拠**〉のピックアップの仕方には、もう一つ、説得力を高めるための仕掛《しか》けがあるのですね。

皆さん、その仕掛けの内容には気づけましたでしょうか？

二つの〈**論拠**〉の性質的な違《ちが》いが、大きなヒントとなります。

この点については、**6章 説得力のある書き方とは？②**で詳《くわ》しく説明したいと思いますので、少々お待ちください。

「二つの〈**論拠**〉の性質的な違い」が「説得力を高めるための仕掛け」だとありますが、

もちろんここでの「二つの〈**論拠**〉」とは、

〈**論拠①**〉自由研究という課題における大変さ、プレッシャー。
〈**論拠②**〉フロム『自由からの逃走』に書かれた、近代市民社会における自由とその厳しさ。そしてそこから生じる、大衆の逃避願望。

を指します。ではいったい、この〈**論拠①**〉と〈**論拠②**〉との「性質的な違い」とは、どのようなものなのか。ひとまず、ここで分析《ぶんせき》対象となっている文章を、もう一度読んでみましょう。

現代、自由を人類に普遍《ふへん》の理念として語る言説は多い。けれども自由とは、本当に手放しで喜ばしいものなのだろうか。
小学生のころ、夏休みに「自由研究」という課題が出された。文字通り、何を研究するかというところから始め、どのように研究するか、いかにまとめて発表するか、といった点まで、すべて自分自身で自由に決めてとりかからねばならない、そんな課題だ。そう。とりかから「ねばならない」のだ。漢字の書き取りや計算ドリルなら、指定された範囲《はんい》を指定されたやり方でこなしていけばそれで済む。これはある意味、大変に楽な作業だ。機械的に指示を守ってさえいれば、少しばかり手が痛くなるのと退屈《たいくつ》なだけで、いつかノルマはこなせてしまう。しかもそれを期日に提出するだけで、「優等生」と評価してもらえるのだ。しかし、「自由研究」においてはそうはいかない。どれだけ悩《なや》もうとも、どれほど考えようとも、実際に「作品」を作成することができなかったら、何一つ評価されないどころか、叱《しっ》責《せき》すらされてしまうのである。あのプレッシャーたるや……！

社会心理学者のエーリッヒ・フロムは、主著『自由からの逃走』のなかで、自由で平等な社会を実現した――あるいはその実現を追求した近代市民社会が、なぜ全体主義へと帰結してしまったのかについて考察している。簡単に言えば、人は自由が苦しいのだ。例えば近代市民社会における自由の現れの一つに、経済活動における自由がある。もちろん、個々人の自由な利益獲得《かくとく》競争が市場を活性化し、社会全体を発展させるという発想だ。しかしながら裏返せばそれは、個々人が自らの責任をもって競争しなければならないということでもあり、さらにいえば、その競争から脱落《だつらく》することに常に脅《おび》えなくてはならず、そして実際に脱落してしまった場合、〝敗者〟の烙印《らくいん》を押《お》され、尊厳ある生を送ることすら許されないという可能性を含《ふく》んだ、そんなリスキーな〝自由〟なのだ。大衆は、そのような不安に耐《た》えることはできない。したがって、たとえそれが自己の様々な権利を放棄《ほうき》することにつながろうとも、全体主義を選び、「自由」から「逃走」してしまうのである。

自由はそれを〝享受《きょうじゅ》〟するはずの人間に極度の緊張《きんちょう》を強《し》い、そして人々は往々にして、そこから逃《に》げ出したいという感情にとらわれる。「自由研究」のプレッシャーと全体主義の選択《せんたく》との間には、実はそれほどの距離《きょり》があるわけではないのだ。

楽天的に自由を礼賛《らいさん》し、妄信《もうしん》的に自由を追求する――それは我々人類にとって、決して理想的な生き方ではない。自由とは、それの含み持つ恐ろしさを直視し、そこから生じる不安におののきながらも、それでも悲壮《ひそう》な覚悟《かくご》をもって追い求めるものなのではないだろうか。

まず、〈**論拠①**〉と〈**論拠②**〉との「二つの〈**論拠**〉」の「性質的な違い」、わかりましたか？

〈**論拠①**〉自由研究という課題における大変さ、プレッシャー。

ですが、ここは「小学生のころ、夏休みに『自由研究』という課題が出された」という書き出しでわかるように、［自分の経験］について掘り下げて書かれています。

一般的に、純粋《じゅんすい》な学術論文においては、個人的な経験談などを書いても評価されないことが多いと言われます（もちろん、個人的経験の記述が要求されるような論文もあります。例えば教育学系の論文においては、授業者個人の授業実践の詳細な報告が重要になります）。なぜ個人的な経験談が原則としてＮＧかと言えば、それは、学術論文に求められるのは普遍性・客観性・一般性の高さであるからですね。個人の特殊《とくしゅ》な経験においてそれが保証されるとは考えにくい。

しかしこのことは、逆に言えば［自分の経験］は基本的に特殊なもの、すなわち、他の誰《だれ》も経験したことのない、固有なものとなるということでもあります。しばしば「文章で大切なのはオリジナリティだ！」というような言葉を耳にしますが、この世で自分ひとりしか経験したことのない、自己に固有の［自分の経験］を記述することは、その文章にオリジナリティを持たせるうえで破格の武器となるわけですね。結果、読み手が、「へぇ！　おもしろいなぁ……！」と思え、ぐいぐいと引き込《こ》まれるような文章が書ける。僕《ぼく》たちは学術論文の書き方を学んでいるのではないのですから、〈主張〉を論証するうえで論理的な必然性のある内容であるなら、［自分の経験］は、大いに利用してかまいません。

ただ、もちろん［自分の経験］を記述する際には、先ほども確認《かくにん》したように、

文章作法・その8
〈論拠〉はできるかぎり具体的に記述せよ！

という点を最大限に意識してください。例えば、「いかに教養を身につけるか」というテーマで文章を書く際、

Ⓐ 新聞の書評欄《らん》を毎週必ず読み、その内容をメモにまとめた。そのうえで、気になる内容の新書はすべて購入《こうにゅう》し、1週間という期限を決めて読み終えるように心がけてきた。

Ⓑ 私は教養を身につけようと思い、たくさん本を読んだ。

という二つの書き方のどちらに「オリジナリティがある！」と思えますか？　当然、Ⓐでしょう。「書評欄」の内容を「メモ」にまとめるとか、「一週間という期限」を決めるなどは、この文章を書いた人自身が自ら考えた方法であり、したがってそれを読者に紹介することで、文章の持つ独創性は高まる。

これに対して、Ⓑの方は「たくさん本を読んだ」と、かなり抽象的な書き方になっています。抽象的ということは具体性がそがれているということですから、そのぶん当然のこと、一般性が増します。一般性が増すということは、逆に言えば、その人自身しか経験し得なかった出来事の固有性が希薄《きはく》になるということ。これでは、オリジナリティのアピールにはなりませんね。

以上を踏《ふ》まえ、〈論拠〉に［自分の経験］を用いる場合には、何よりもまず、それを具体的に記述することを心がけましょう。

さて、ではここで、〈論拠②〉について考えてみます。〈論拠②〉は、

フロム『自由からの逃走』に書かれた、近代市民社会における自由とその厳しさ。そしてそこから生じる、大衆の逃避願望。

という内容でしたが、〈論拠①〉が［自分の経験］に終始した記述だったのに対して、ここではフロムという学者の『自由からの逃走』という著書の内容が紹介されています。つまり、自らの〈主張〉の正当性を証明するために、学術的な文献《ぶんけん》を参照し、それを利用している。

簡単に言えば、ここが、〈論拠①〉との「性質的な違い」なのですね。

先ほど言及《げんきゅう》したように、［自分の経験］を〈論拠〉に用いることは、その文章のオリジナリティを向上させることにつながります。しかし、読み手を説得するには、場合によってそれだけでは弱いことがある。「しょせん、あなたのひとりよがりだよね。私には関係ない」と、そっぽを向かれてしまう可能性も低くないわけです。

そんなときに、〔学術的・公共的な文献や資料〕からその内容やデータなどの情報を引用したり紹介したりすることができると、「おお！」となる。つまり、「そんな偉《えら》い学者が筆者と同じことを言っているんだ！　なら、筆者の言っていることも正しいかもしれない」とか、「なるほど、公共性の高い資料としてこのようなデータが公表されている以上、筆者の主張も信頼《しんらい》に足るものかもしれないな」などと思ってもらえるわけです。学問的な権威《けんい》や公共性の高い情報である以上、そこに言及される内容は、普遍性・客観性を保証されることになる、つまりはそういうことなんです。

文章作法・その9

〔学術的・公共的な文献や資料〕を用いると、〈論拠〉の普遍性・客観性は当然高くなる！

例えば、〈**論拠①**〉で〔自分の経験〕を具体的に書いてオリジナリティを出し、そして〈**論**

拠②〉で〔学術的・公共的な文献や資料〕を引用・参照・紹介することで客観性を高める、などという構成にすると、かなり説得力のある文章になるのではないでしょうか。

小池　ということなのですね。

渡辺　なるほど……それならば、アタシの文章も、〔学術的・公共的な文献や資料〕を引用したり紹介したりしたほうが、より説得力が増す、と。

小池　そうなります。もちろん、渡辺さんの文章は、「しまね国際センター」ホームページからの引用があり、方向性はすばらしいと思います。ただ、今回紹介なさっているのはあくまで〈やさしい日本語〉の作り方だけです。

渡辺　えーと……ということは、例えば専門書などを読んで、〈やさしい日本語〉のコンセプトとか学問的な定義とか、あるいは効果とか……そういったものをもう少し厚く説明した

ほうがよいということですよね！

小池　ですね。僕も不勉強で知らなかったわけですが、〈やさしい日本語〉という考え方は、まだまだ市民に周知されてはいないはず。

渡辺　ええ。残念ながら。

小池　それならやはり、単に作り方だけでなく、〈やさしい日本語〉についてもう少し掘り下げて説明したほうが、読み手にとっても嬉《うれ》しい。

渡辺　説得力が増して提案が受け入れられる可能性も高くなるから、アタシも嬉しい。

小池　もちろん、海外から来られた方々も助かる。

渡辺　［学術的・公共的な文献や資料］、万歳《ばんざい》！

小池　ですね（笑）

渡辺　わかりました。次回までに、ご指摘頂戴《していきちょうだい》した点、必ず修正してきます！

小池　楽しみにしています！

☆この回の続きは、第2部6章で扱います。ただし、まずはすべての回を順番通りに読み進めてください。

第1部〜構成編〜〈補足〉

さて、この第1部では、5章と6章を除いて、文章の論理的な組み立て方を中心にあれこれと話してきました。そして本書に述べるところの〈論理〉とは、何よりもまず、文章を書き進めていくうえでの正しい順序、すなわち、

〈話題→論拠《ろんきょ》→主張〉という〈文章の構造〉

あるいはそうした構造によって保証される文章全体の〈首尾一貫性《しゅびいっかん》〉のことであったわけです。さらに、この〈話題→論拠→主張〉という基本の型に、

- **〈一般論《いっぱん》／主張〉の対比を用いる**
- **複数の〈論拠〉を用意する**
- **〈論拠〉と〈主張〉の間に〈論拠〉の内容をまとめた〈抽象《ちゅうしょう》〉を置く**

などの構成を反映させることができると、論理性はより強いものとなる。

もちろんすべての文章においてこうした型を応用する必要はありません。例えば、字数制限が厳しい場合には**複数の**〈**論拠**〉を用意すると逆に一つ一つの内容が薄《うす》いものになってしまう危険性がありますし、あるいは、いついかなるときでも〈**一般論／主張**〉**の対比**を用いなくてはならないというものでもありません。そこらへんはケースバイケース、臨機応変に対応していくということになりますね。しかしそれでも、

〈話題→論拠①→論拠②→抽象→主張〉

という構成が、かなり汎用《はんよう》性の高い――すなわち、いろいろなケースで広く使えるモデルであることは、ここに強調しておきたいと思います。

けれども、このことは逆に言うと、こうした構成に何らかのブレが生じると、文章の論理性、〈**首尾一貫性**〉は、一気に崩《くず》れていってしまうということでもあります。試《ため》しに、以下の文章を読んでみましょう。

【文章】

小学生に読書感想文を課すことの是非《ぜひ》がしばしば問われる。読書感想文は、子どもたちに本を読むことを促《うなが》すための課題であるという。しかし、小学生にとって、本を読むということはそれほど大事なことだろうか。私は、あまり読書をしない子どもだった。けれども、毎日自然のなかで遊ぶことで、多くの大切なことを経験し、学ぶことができた。

また、仮に読書が子どもたちにとって大事なことだったとしても、それを他人から押《お》し付けられるというのは、当人にとってみればおもしろくないものだ。それがどのようなものであっても、誰《だれ》かから上から目線で「やれ！」などと命令されれば、やる気などまったく持つことはできないだろう。

このように、今の教育には大人の側のエゴイズム、あるいは独善的な価値観が蔓延《まんえん》しているという事実は否《いな》めない。

教育の世界は、もっと自由であるべきだと思う。

どうでしょうか。

一応、〈**話題→論拠①→論拠②→抽象→主張**〉という構成を守って書かれているということはおわかりいただけたかと思います。しかし、それぞれの要素は、きちんと〝↓〟でつながっていると言えるでしょうか？　念のため、整理してみましょう。

〈**話題**〉小学生に読書感想文を課すことの是非

←

〈**論拠①**〉読書よりも自然の中で遊ぶことが大切

←

〈**論拠②**〉他人から押し付けられてもやる気など起きない。

←

〈**抽象**〉今の教育…大人のエゴイズム＆独善的な価値観

←

〈**主張**〉教育の世界に自由を。

……とてもじゃないですが、これでは、文章の論理性、〈**首尾一貫性**〉があるとは言えません。

まず、〈**抽象**〉に書かれた内容は、〈**論拠②**〉にしか対応していません。ここは〈**論拠①**〉と〈**論拠②**〉の双方に共通する内容をまとめるべきところです。また、ここで〈**論拠①**〉がないがしろにされてしまった結果、〈**論拠①**〉と〈**主張**〉との間のつながりが、ほとんどなくなってしまいました。そして、これが最もマズいところなのですが、冒頭《ぼうとう》の〈**話題**〉では「読書感想文」について話しているのに、〈**主張**〉ではそれがどこかへ行ってしまい、「教育」一般についての意見表明になっている。つまり、〈**話題**〉と〈**主張**〉との間に、それこそ〈**首尾一貫性**〉が認められないわけです。

このように、一見すると〈**話題→論拠①→論拠②→抽象→主張**〉という構成をとっているかに見えても、よく考えれば各要素の間に〝↓〟を確認《かくにん》することが難しい文章、つまり、非論理的な文章では、自分の考えを読み手に伝えたり、読み手に納得《なっとく》してもらったりなどということは厳しくなってしまいます。

では、どうすればこのようなブレを防ぐことができるのか。

その最大の手立ては、実際に文章を書き起こす前に、**〈構想メモ〉**を作成することです。つまり、**〈話題→論拠①→論拠②→抽象→主張〉**の各要素にどんなことを書くのか、箇条書《かじょうが》き程度でかまわないので整理してみる。そして、各要素の間にきちんと〝↓〟が成立するかどうかを確認し、ブレがある場合には修正する。こうした作業を事前に行うことで、文章の**〈首尾一貫性〉**は間違いなく向上します。

文章作法・その10

文章を書き起こす前に、必ず〈構想メモ〉を作成し、チェックする！

そしてその際、**第1部1章 論理的な文章って？①**で触《ふ》れたように、

文章作法・その3

文章は、まず最初に〈主張〉を決定してから書く！

という点を意識することができれば、つまり、まずは〈主張〉を決定してから、それを軸《じく》としつつ〈話題〉〈論拠〉〈抽象〉を考えて、右に述べたような〈構想メモ〉を作成することができれば、文章全体を貫《つらぬ》く論理性も、きっと保証されるというものです。

14歳からの文章術

第2部

表現編

01 文の書き方

この回は、**第1部1章 論理的な文章って？①**の続きになっています。志望大学の願書を提出する際に書かなくてはいけない「自己ＰＲ書」に四苦八苦する石井さんでしたが、彼女の課題はどのようなものだったでしょうか。もう一度、石井さんの最初に提出した文章を読んで、ポイントをまとめてみましょう。

石井さん

【文章１】

私は青原高等学校の生徒会で副委員長を務めました。部活動では新聞部に所属し、たくさんの記事を書きました。文化祭ではクラスの催《もよお》しに積極的に参加し、ソプラノのソロパートを担当した合唱コンクールでは、見事銀賞をとることができました。友人もたくさんいて、担任の先生からも、「石井は人望がある」とほめられました。これまでのところ、無遅刻《むちこく》無欠席です。貴校でも高校生のとき以上に充実した四年間を過ごしたく思います。

（199字）

まず、こちらの文章における〈主張〉は、「貴校でも高校生のとき以上に充実した四年間を過ごしたく思います。」という一文でした。しかしこの〈主張〉に対して、具体的な〈論《ろん》拠《きょ》〉がない。例えば、なぜ「貴校で過ごしたい」のかがわからない。あるいは、どうして「高校生活が充実していた」と言えるのかが具体的に言及《げんきゅう》されていない。つまり、

文章作法・その2

〈話題→論拠→主張〉という構造（＝論理）を踏《ふ》まえる！

という〈**文章の構造**〉を意識した書き方になっていないため、読み手を説得する力がほとんどない文章になってしまっているわけです。

また、ここには、

・私は青原高等学校の生徒会で副委員長を務めました。
・部活動では新聞部に所属し、たくさんの記事を書きました。
・文化祭ではクラスの催しに積極的に参加し、
・ソプラノのソロパートを担当した合唱コンクールでは、見事銀賞をとることができました。
・友人もたくさんいて、担任の先生からも、「石井は人望がある」とほめられました。
・これまでのところ、無遅刻無欠席です。

などと、あまりにもたくさんの〈**話題**〉が盛り込《こ》まれており、結局のところ何を伝えたいのかがわからない、〈思いついたことをダラダラと箇条書《かじょうが》きにしているだけ〉の文章になってしまっている。要するに、

文章作法・その1

原則として、一つの文章で扱《あつか》う〈話題〉は一つ！

という点に、思い切り反してしまっているのですね。

以上のような分析《ぶんせき》を踏まえて、石井さんは、

では、次回までに、**〈話題〉を一つに絞《しぼ》って、しっかりと〈論拠〉を示しながら〈結論〉につなげていく**、その点を意識して書き直してきます！

と宣言したわけです。はたしてうまく書き直すことができたでしょうか？

石井　**先生、書き直してきましたよ！**

小池　**お、どれどれ？**

石井　〈話題〉も一つに絞れたし、〈論拠〉も書けたと思いますよ？

小池　ふふふ……自信満々だね……？

石井　そりゃ、気合い入れて書きましたから！

小池　人生かかってるもんねぇ。

石井　はい！

小池　では、読ませてもらうね。

石井　よろしくお願いします！

【文章２】

私は青原高等学校の生徒会で副委員長を務めました。様々な活動の中でも、特に「部活動の時間延長を学校に要望する」という仕事ではとりまとめ役となり、各部活の部長から聞き取りした意見を集約、調整し、学校側と交渉《こうしょう》することで、ついに認めてもらえた延長は、自分から積極的に動けるという私の長所の成果でもあると自負しています。主体的に課題に取り組む姿勢を理念とする貴校で、ぜひ、

私の長所を発揮したいと、強く願います。（200字）

どうでしょうか。

例のごとく、石井さんの文章の構造を整理してみましょう。

〈話題〉生徒会活動…部活動時間の延長を学校に要望

←

〈論拠〉とりまとめ役を務め、各部活の部長から意見を集約し、学校側と交渉。結果、延長を勝ち取る

←

〈抽象《ちゅうしょう》〉自分から積極的に動けるところ＝自らの長所

←

〈主張〉主体性を重んじる貴校で、自らの長所を発揮したい

となっており、〈**文章の構造**〉としてはかなり向上したと言えるのではないでしょうか。石井さんに対しては〈**抽象**〉の役割についてのアドバイスはしていませんが、そこも一応はクリアしています。これなら石井さんが自信にあふれていたのにもうなずけます。

ですがもちろん、修正ポイントはあります。

それはどんな点か？

今回から**第2部2章**に入ったわけですが、この章には、「**表現編**」というタイトルを掲《かか》げています。つまり、この石井さんの自己ＰＲ書には、表現のレベルで手を加えたいところがあるのですね。そしてそれは、僕《ぼく》の個人的な経験から言わせていただくと、本当に多くの書き手が犯《おか》しがちな悪手であったりする。生徒の答案などを添削《てんさく》する際、少なくとも表現という側面においては、最も頻繁《ひんぱん》に指摘《してき》することなのです。

石井 ええ～！　自信あったのになぁ……。

小池 いや、〈文章の構造〉という点では本当に良くなったよ。

石井 えへへ。

小池 だから、表現を修正すればそれでオッケー。

石井 ……むむ……そこを直せば、合格も近づく、と。

小池 ハハハ。たぶん、ね！

石井 よし。テンション上がってきました。先生、修正すべき表現って、いったいどこですか？

小池 うん。石井さんは、小学校や中学校の国語の授業で、「文の成分」とか「文の組み立て」なんていう知識を学んだことは覚えているかな？

石井 ……えーと、……なんでしたっけ、それ。多分に昔のことでありまして……。

小池 ハハハ！ そうだねぇ、「文の成分」とか「文の組み立て」なんて言うと身構えちゃうかもしれないけど、例えば、〈主語と述語の関係〉とか、〈修飾語《しゅうしょくご》と被修飾語の関係〉とか、そういった知識のことだね。

石井 あ、それならなんとなく覚えてます。〈主語と述語の関係〉なら、高校に入ってからも、英語とか古文でしつこく言われますし。

小池 おお、それはそうだね。ではせっかくなので、ここで小学校や中学校で習ったそこらへんの考え方を、ざっと整理してみましょう。

というわけで、ここで、日本語の文法のおさらいをしましょう。文法嫌《ぎら》いの人はかなり多く、思わず「ええー……」と反応なさった方もいらっしゃるかと思います。ですが、ここで復習するのはあくまで小学生・中学生で習ったはずの知識、それも、そのごく一部分のみですので、そんなに構えなくて大丈夫《だいじょうぶ》です。

まず、文章作法という点から大切になる日本語文法は、日本語という言語において基本となる三つの型なんですね。それは、

Ⓐ 何（誰《だれ》）が…どうする。

Ⓑ 何（誰）が…どんなだ。

Ⓒ 何（誰）が…何だ。

というもの。もう少しだけ詳《くわ》しく説明すると、Ⓐの「どうする」は〈動作・存在〉を軸《じく》とするまとまり、例えば「食べる」「泳いだ」「いた」などですね。次にⒷの「どんなだ」は、〈様子・状態・性質〉を軸とするまとまり、例えば「静かだ」「暑かった」「美しい」など。そしてⒸの「何だ」は、名詞を軸とするまとまりで、「人だ」「車です」「花でした」などになります。

つまり、

Ⓐ 何（誰）が…どうする（↓動き・存在）。

Ⓑ 何（誰）が…どんなだ（↓様子・状態・性質）。

Ⓒ 何（誰）が…何だ。（↓名詞）

というのが、日本語の基本的な型となるということです。そしてこの三つのパターンのうち、それぞれの「どうする」「どんなだ」「何だ」に該当《がいとう》する要素を〈述語〉と呼び、「何（誰）」に当たる要素が〈主語〉ということになります。なお、〈主部／述部〉という考え方もあり、それは厳密には〈主語／述語〉とは異なる概念《がいねん》なのですが、混乱を避《さ》けるため、本書ではすべて〈主語／述語〉と用語を統一しておきたいと思います。

さて、ここでもう一度、石井さんの文章（【文章2】）を、今回問題としたい箇所だけに限定して引用してみたいと思います。

様々な活動の中でも、特に「部活動の時間延長を学校に要望する」という仕事ではとりまとめ役と①なり、各部活の部長から聞き取りした意見を②集約、調整し、学校側と③交渉することで、ついに認めてもらえた延長は、自分から積極的に動けるという私の長所の④成果でもあると⑤自負しています。

二重傍線《ぼうせん》を引いた箇所は皆《みな》〈述語〉であるわけですが、これらの〈述語〉に対する〈主語〉は、しっかりと把握《はあく》できたでしょうか。

① [私は] …なり
② [私は] …集約、調整し
③ [私は] …交渉する
④ [延長は] …成果でもある
⑤ [私は] …自負しています

ということになり、［　　］で囲った部分が、それぞれの〈述語〉に対する〈主語〉ですね。

この箇所、どうでしょう。

すぐにわかるように、まず、一文、すなわち句点（＝。）の次から次の句点までの範囲《はんい》の中に、〈主語／述語〉の関係が多すぎる。しかも、いったん［私は］から［延長は］に転換《てんかん》した〈主語〉が、また［私は］へと再転換されています。一文内の構成が、ちょっと複雑ですよね。

結果として、読み手が意味を追いにくくなってしまっています。

もちろん、文章を書き慣れている人であれば、この程度の〈主語／述語〉関係はなんなく処理できるはずです。しかし文章を不得手としている人なら、一文は、もう少しシンプルに書いたほうがいい。そのほうが、間違《まちが》いなく、自らの伝えたいことが相手に届きやすくなります。

先ほど僕は、「僕の個人的な経験から言わせていただくと、本当に多くの書き手が犯しがちな悪手」とか、「生徒の答案などを添削する際、少なくとも表現という側面においては、最も頻繁に指摘すること」などと言いました。それはまさに、この点なのですね。端的《たんてき》に言えば、一文を長くしすぎた結果、〈主語／述語〉の組み合わせが多くなったり複雑になったりして、読み手が理解しづらい書き方になってしまう、ということです。つまり意識したい

のは、

文章作法・その11
一文はあまり長くせず、短文（長くとも50字程度）を目安にする！

という点なのですね。

もちろん「50字程度」というのはあくまで「目安」にすぎず、文章を書き慣れてきたなら、もっと増やしてかまいません。ですが、現段階で表現力に自信のない人は、短文を積み重ねるような書き方を心がけるほうが無難でしょう。

石井 な、なるほど……。

小池 うん。今数えてみたら、石井さんの文章のこの部分、だいたい130字くらいあるんですよね。

石井　うわ、それは長いですね、先生の基準だと。

小池　そうなるねぇ。

石井　わかりました。ここは私の合格のためにもがんばりどころ。先生のおっしゃる通り、もう少し短い文に分割して、書き直してみます。

小池　その意気！　あともう少しで完成だよ！

石井　じゃあ、ちょっと自習室をお借りします。

小池　あ、待って。書き直してもらうにあたって、あともう少しだけ確認《かくにん》しておきたいことがあるんですよ。

石井　ええ……さらにダメ出しですか……？

小池　いや、修正にあたってのヒントだね。

石井　それなら、ぜひ！

さて、先ほど確認した日本語における〈主語／述語〉の組み合わせですが、実は一文内における〈主述の関係〉に着目すると、また別の角度から、日本語の構造を三つのパターンに分類することができるんですね。ひとまず、以下の三つの例文をお読みください。

①　彼はいつまでもめそめそと泣いていた。
②　弟は水泳教室に通い、姉はバレエ教室に通っている。
③　父が買ってきたお酒を、母は隠《かく》してしまった。

それぞれの例文の、〈主語／述語〉の関係を整理してみましょう。主語には［　　］を、述語には二重傍線を引いてみます。

①　［彼は］いつまでもめそめそと泣いていた。
②　［弟は］水泳教室に通い、［姉は］バレエ教室に通っている。
③　［父が］買ってきたお酒を、［母は］隠してしまった。

まず①は、〈彼は…泣いていた〉と、〈主述の関係〉が一組しかありません。このような文のことを、単文と呼びます。

これに対して②は、〈弟は…通い〉〈姉は…通っている〉と、〈主述の関係〉が複数組ありますね。では、〈弟は…通い〉と〈姉は…通っている〉と、どちらの組み合わせのほうが情報として重要でしょうか。答えは、どちらも。つまり、この二つの〈主述の関係〉は、双方とも対等の関係で並んでいるわけです。その証拠《しょうこ》に、二つの〈主述〉の組み合わせをひっくり返して、

[弟は] 水泳教室に通い、[姉は] バレエ教室に通っている。

←

[姉は] バレエ教室に通い、[弟は] 水泳教室に通っている。

としてみても、伝えるメッセージにはほとんど変化がない。このように、複数の〈主述の関係〉を持ち、かつそれぞれの組み合わせが対等に並んでいるような構造の文を、重文と言います（なお、より学問的な理解においては、この重文という考え方を認めないとする説が有力のようです。ただし本書では、学校文法で説明されている知識として、この重文という用語を以上の定義で使わせていただきたく思います）。

では、③はどうでしょうか。これも②と同様、〈父が…買ってきた〉〈母は…隠してしまった〉と、複数の〈主述〉の組み合わせがあります。では、これも重文でしょうか？　もちろん、

違います。なぜなら、〈父が…買ってきた〉〈母は…隠してしまった〉という二つの〈主述〉の組み合わせが、対等ではないからですね。つまり、

［父が］買ってきたお酒を、［母は］隠してしまった。

［母は］隠してしまったお酒を、［父が］買ってきた。 ←

両者を入れ替《か》えてしまうと、文の伝える意味がまったく違ったものになる……もしくは、文として何を言っているのかわからなくなる。このように、複数の〈主述〉の組み合わせを持ち、かつ、それらが対等な関係ではないような文のことを、複文と言います。

では、なぜここで単文・重文・複文という三つの文の型について触《ふ》れたのか。

簡単に言えば、この複文を書くときに、先ほど指摘した「一文を長くしすぎた結果、〈主語／述語〉の組み合わせが多くなったり複雑になったりして、読み手が理解しづらい書き方になってしまう」という状態になりやすいんですね。例えば、

Ⓐ　タロウが車を運転するときには注意する。

という文ですが、ここには〈タロウが…運転する〉〈(私は)…注意する〉という二つの〈主述〉の組み合わせがあります。そして両者は対等な関係ではありませんから、この文は複文ということになります。もちろん、この一文自体は何も難しい要素はありません。ですが、もしこの一文を書こうとして、「タロウが」の「が」をうっかり「は」にしてしまったら、どうなるでしょうか。

Ⓑ　タロウは車を運転するときには注意する。

これだと、〈(自分が)…運転する〉〈タロウは…注意する〉という組み合わせになってしまい、もとのⒶとはまったく違うことを意味する文となってしまいます。気づいて修正できるならよいのですが、もし見逃《みのが》してしまったら、自分の伝えたいメッセージは、決して相手に届くことはありません。

まとめましょう。

一文のなかに〈主語／述語〉の関係がいくつもあり、かつ、それらが対等に並んでいない場合、ちょっとした書き方のミスで、本来の〈主述〉の関係がねじれてしまうことがある。結果、文意の取りづらい、あるいは理解できないような内容になってしまう。そしてこうした現象は、当然、一文が長くなるほど生じやすくなる。したがって、とりわけ複文において、

文章作法・その11

一文はあまり長くせず、短文（長くとも50字程度）を目安にする！

というポイントが大切になってくるんですね。逆に重文の場合は、そこそこ長めの文にしても大丈夫なことが多いようです。

では、以下に少し長めの複文の例文を挙げてみますので、これを読みやすいように、いくつかの文に区切って修正を加えてみましょう。

・父が先日書店で買ってきてくれた問題集に挑戦《ちょうせん》してみた私は、そのあまりの難しさに数日で放り出してしまったので、父もあきれてしまった。

↓

・父は先日、書店で問題集を買ってきてくれた。私はそれに挑戦してみた。けれども、あまりの難しさに数日で放り出してしまった。だから、父もあきれてしまった。

すべての文を〈主述〉の組み合わせが一つしかない単文に直してみましたが、どうでしょうか。もちろん、逆にちょっと分割しすぎで読みにくいと思ったら、

・父は先日、書店で問題集を買ってきてくれた。**私はそれに挑戦してみたが、あまりの難しさに数日で放り出してしまった**。だから、父もあきれてしまった。

などと、あまり長い文にせずに複文を用いてもかまいません。

以上の点を踏まえ、ここで、石井さんの文章【文章2】の二文目をもう一度見てみましょう。

様々な活動の中でも、特に「部活動の時間延長を学校に要望する」という仕事ではとりまとめ役と①なり、各部活の部長から聞き取りした意見を②集約、調整し、学校側と③交渉することで、ついに認めてもらえた延長は、自分から積極的に動けるという私の長所の④成果でもあると⑤自負しています。

〜〈主述〉の組み合わせ〜

①［私は］…なり

②［私は］…集約、調整し

③［私は］…交渉する

④［延長は］…成果でもある

⑤［私は］…自負しています

実は、細かく見ていけばもう少し〈主述〉の組み合わせは確認できるのですが、話がややこしくなるのでこれで考えてみたいと思います。複数の〈主述〉の組み合わせがあり、また、それぞれが等価の関係で並んでいるわけではないということから、この文は、まさに複文です。そして、先ほども指摘したように、130字ぐらいある。これでは、よほど熟練した書き手でもなければ、読みやすい文にはならないわけですね。

石井　つまり、この箇所をいくつかの文に分けて書く、っていうことですね？

小池　そうだね。

石井　わかりました！　では今度こそ自習室をお借りします。これで必ずオッケーもらえるようがんばります！

小池　その意気！

（30分ほど経過）

石井　先生、できました！　これでどうでしょう？

小池 おお。どれどれ……うん、イイネ！　これなら言いたいこともはっきりと、そしてわかりやすく伝わるよ。

石井 ヤッタ！　ありがとうございます！

小池 受験、うまくいくといいね。

石井 はい！

というわけで、最後に、石井さんの修正した自己ＰＲ書の完成版をお読みください。**第１部１章**で最初に提出したものに比べ、格段に読みやすくなっているはずです。

【文章３】

私は青原高等学校の生徒会で副委員長を務めました。特にがんばったのは「部活動の時間延長を学校に要望する」という仕事です。とりまとめ役として、各部活の部長から意見を集約し、調整しました。そして学校側と交渉を重ね、ついに延長を認めてもらえたのです。このように、自分から積極的に動けるというのが私の長所です。主体的に課題に取り組む姿勢を理念とする貴校でも、ぜひ、私のこの長所を発揮したいと強く願います。

（197字）

02 接続表現を使いこなそう

中村さん

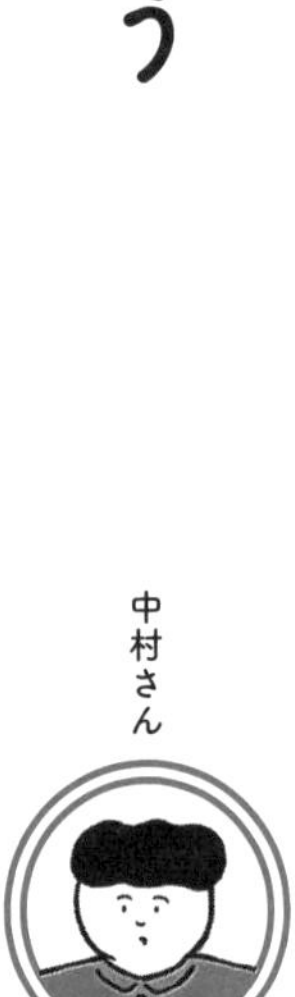

この回は、**第1部2章 論理的な文章って？②**の続きになっています。大学の一般《いっぱん》教養の授業で〈ソクラテス「無知の知」について思うところを述べよ〉という課題が出され、1200字という指定字数を満たすことができずに四苦八苦していた中村さんでしたが、ここでもう一度、中村さんの提出した文章を確認《かくにん》してみましょう。

【文章1】

古代ギリシャの哲学者《てつがくしゃ》ソクラテスは、「わからないことなど何もない」と豪語《ごうご》する同時代の知識人（ソフィスト）をいさめる意図で、「彼らは何もわかっていない。そして、私も何もわかっていない。ただ、私は自分が何もわかっていないということを自覚できている」という旨《むね》を述べたという。

私は、このソクラテスの言葉に、ある種の嫌味《いやみ》が感じられてならない。

それは、「私も何もわかっていない」と自らをソフィストと同じ地平に置く、つまりは相手の位置までへりくだる姿勢を見せておきながら、結局は「自分は違《ちが》う」と自己を特権化している、その語り口だ。この言葉を口にした段階でソフィストたちを見下していたに違いないソクラテスが、あえて自らを相手のレベルにまで低める。しかし、最終的には自分の優秀性《ゆうしゅう》をアピールする。こうした身振《みぶ》りに、「自分は君たちとは違って優秀な人間だけれども、今回は特別に、君たちのところまで降りていってやるよ」という鼻持ちならない思いが読み取れてしまうのだ。

現代の知識人のなかにも、いかにも「市民の味方です」といった身振りをとる人間がいる。しかしながら彼らのそうしたふるまいに鼻持ちならなさを感じる私のような人間は、少なからずいるだろう。市民と学問との距離《きょり》を縮めるためにも、学問に携《たずさ》わる人間は、こうした偽善《ぎぜん》的な言動に気をつけるべきではないだろうか。

（564字）

そして、こちらの文章に対して出されたアドバイスが、

文章作法・その4

指定字数をクリアするためには、〈論拠《ろんきょ》〉に厚みを持たせよ！

文章作法・その5

〈一般論／主張〉の対比を用いると、〈主張〉がより明瞭《めいりょう》になる！

という二つでした。

小池 どうでした？

中村 いやー、苦労しました。何しろ、自分の〈主張〉の〈論拠〉に厚みを持たせるために、「公共のメディアに発された、自分とは直接かかわりのない人間の意見」を見つけなくっちゃいけなかったわけですが、これがなかなかに難航して……。

小池　それはそうだろうなぁ……「無知の知」に嫌味を感じるって、結構めずらしい捉《とら》え方だろうからね（笑）

中村　でも、なんとか見つけましたよ！

小池　お。

中村　太宰治《だざいおさむ》の小説を読んでたら、たまたま「これだ！」っていう記述に出会ったんですよ。

小池　なんと！　運命的だねぇ。〈一般論／主張〉の対比はどうかな？

中村　あ、そこはわりと簡単に処理できました。要するに、「一般的には『無知の知』って評価されているけれど、私はそう思わない」という構成にすればよいので。

小池　そうだね。それでいい。

中村　というわけで、なんとかリライトしたこれ、ちょっと読んでください。汗と涙《なみだ》の結晶なんですから（笑）

小池　よし！　では、心して読ませてもらいます！

【文章2】

＊塗り潰していない部分が、今回中村さんが追加した記述です。

古代ギリシャの哲学者ソクラテスは、「わからないことなど何もない」と豪語する同時代の知識人（ソフィスト）をいさめる意図で、「彼らは何もわかっていない。そして、私も何もわかっていない。ただ、私は自分が何もわかっていないということを自覚できている」という旨を述べたという。

後世の人間は、ソクラテスのこの言葉を「無知の知」と呼んだ。そして、おおいに賞賛した。あるいは、「自分の無知を自覚する」という態度は、それを自覚した人間を謙虚《けんきょ》にすることができ、そうした謙虚さがあればこそ、その人間は真の意味で知を愛することができる、というわけだ。そして、今回この講義を担当なさる先生も、「ソクラテスのそうした謙虚さにこそ、我々現代の知識人も学ばなくてはならない」とおっしゃっていた。

ところで、本当にそうだろうか。

私は、このソクラテスの言葉に、ある種の嫌味が感じられてならないのだ。それは、「私も何もわかっていない」と自らをソフィストと同じ地平に置く、つまりは相手の位置までへりくだる姿勢を見せておきながら、結局は「自分は違う」と自己を特権化している、その語り口だ。この言葉を口にした段階でソフィストたちを見下していたに違いないソクラテスが、あえて自らを相手のレベルにまで低める。しかし、最終的には自分の優秀性をアピールする。こうした身振りに、「自分は君たちとは違って優秀な人間だけれども、今回は特別に、君たちのところまで降りていってやるよ」という鼻持ちならない思いが読み取れてしまうのだ。

漢の天下統一に貢献《こうけん》した武将の韓信《かんしん》が、若いころに町の不良にけんかを売られたけれど逆らわず、言われるままに不良の股《また》をくぐるという屈辱《くつじょく》を受け入れる。それは、韓信には為《な》すべき大志があったからだ――こうした故事に由来する、「韓信の股くぐり」ということわざがある。「大きな志を持つ者は、目の前の小さな侮《ぶ》辱《じょく》など我慢《がまん》すべきだ」という戒《いまし》めだ。太宰治の『親友交歓《こうかん》』という作品に、この「韓信の股くぐり」についての思いを綴《つづ》ったくだりがある。

私は、ふと、木村重成《しげなり》と茶坊主《ちゃぼうず》の話を思い出した。それからまた神崎与五《かんざきよご》郎《ろう》と馬子の話も思い出した。韓信の股くぐりさえ思い出した。元来、私は、木村氏でも神崎氏でも、また韓信の場合にしても、その忍耐心《にんたいしん》に対して感心するよりは、あのひとたちが、それぞれの無頼漢《ぶらいかん》に対して抱《いだ》いていた無言の底知れぬ軽蔑《けいべつ》感を考えて、かえってイヤミなキザなものしか感じる事が出来なかったのである。

したがって、侮辱を甘《あま》んじて受け入れ、相手のいいなりになるという韓信らの行動は、逆にいえば相手への「底知れぬ軽蔑感」の裏返しであり、そこが「イヤミなキザなもの」であるというわけだ。もちろんソクラテスは結果として「無言」で相手の侮辱を受け入れたのではない。彼の「自分は君たちとは違って優秀な人間だけれども、今回は特別に、君たちのところまで降りていってやるよ」という態度は、韓信らの「イヤミ」に通じるようなものを持っているのではないだろうか。

現代の知識人のなかにも、いかにも「市民の味方です」といった身振りをとる人間がいる。しかしながら彼らのそうしたふるまいに鼻持ちならなさを感じる私のような人間は、少なからずいるだろう。市民と学問との距離を縮めるためにも、学問に携わる人間は、こうした偽善的な言動に気をつけるべきではないだろうか。

（1383字）

なるほど、

〈**一般論**〉後世の人間たちは「無知の知」を、謙虚さの美徳として評価した。

⇔

〈**主張**〉本当にそうだろうか。

という対比はきれいに構成されていますし、太宰治『親友交歓』を素材にソクラテスに通じるような「底知れぬ軽蔑感」について述べた〈**論拠**〉も、うまく機能していると言えそうです。つまり、〈**論拠**〉に厚みを持たせて字数を増やすという課題については、見事にクリアできていると判断することができる。

しかし、どこかしら——今回中村さんが加筆してきた箇所《かしょ》に、ぎくしゃくした印象を持たれた方も多いのではないでしょうか？　例えば、

> 後世の人間は、ソクラテスのこの言葉を「無知の知」と呼んだ。そして、おおいに賞賛した。あるいは、「自分の無知を自覚する」という態度は、それを自覚した人間を謙虚にすることができ、そうした謙虚さがあればこそ、その人間は真の意味で知を愛することができる、というわけだ。そして、今回この講義を担当なさる先生も、「ソクラテスのそうした謙虚さにこそ、我々現代の知識人も学ばなくてはならない」とおっしゃっていた。
> ところで、本当にそうだろうか。

という箇所ですが、

・「そして」が同じ段落に重複して用いられているのでくどい印象を与《あた》える。
・「あるいは」は、前の内容と後の内容を比べるはずの言葉だが、ここは直前までの内容（＝後世の人間は「無知の知」を賞賛した）を詳しく説明する流れなのだから、「すなわち」を使ったほうが適切なのではないか。あるいは、この一文の最後が「というわけだ」と直前の内容を詳しく説明する形式になっているのだから、つなぎ言葉は何も用いずに記述してもよいのではないか。
・「ところで」は話題を転換《てんかん》する働きを持つ語だが、ここでは〈一般論／主張〉の対照性を前面に出すために、逆接表現を用いたほうがよいのではないか。

などという点が気になるわけですね。

中村 **なるほど……いわゆる接続詞の使い方というやつですね？**

小池 **だね。ただ、接続詞や接続語という言葉を使うと、いろいろ面倒《めんどう》くさい話がからん**

でくるので、この教室では〈接続表現〉と呼んでいます。原則として〈直前までの内容と続く内容とを、その前後の関係性を示しながらつなぐ働きをする表現〉全般のことだね。

中村 ふむ。

小池 これを適切に運用することができると、その文章はとても読みやすいものとなる。「これまでの内容を踏《ふ》まえてその接続表現が用いられたなら、今後はこのような展開になっていくだろう」などと、先の内容を類推しながら読むことができるからね。

中村 なるほど。で、ご指摘《してき》いただいた箇所については、その点が甘いということですね。

小池 だね。

中村 わかりました。ちょっとお時間をください。修正してみます。

（20分ほど経過）

中村 これでどうでしょう？

後世の人間は、ソクラテスのこの言葉を「無知の知」と呼び、おおいに賞賛した。「自分の無知を自覚する」という態度は、それを自覚した人間を謙虚にすることができ、そうした謙虚さがあればこそ、その人間は真の意味で知を愛することができる、というわけだ。今回この講義を担当なさる先生も、「ソクラテスのそうした謙虚さにこそ、我々現代の知識人も学ばなくてはならない」とおっしゃっていた。
しかし、本当にそうだろうか。

小池 なるほど。冒頭《ぼうとう》の二文を一文にまとめて、最初の「そして」を削《けず》る。「あるいは」も無用なのでカット。二つ目の「そして」をなくした理由は？

中村 あ、「今回この講義を担当なさる先生も」の「も」があるので、別に冒頭にわざわざ「そして」をつける必要もないかな、と。

小池 するどい。で、「ところで」を「しかし」に変えて、〈一般論／主張〉の対照性を強調した、と。

中村 はい。どうですか？

小池　うん。ここは文句なし！　ものすごく読みやすくなったよ。このように、接続表現を正確に用いることは、わかりやすい文章を書くうえでとても大切なことなので、正しい用法を理解し、細心の注意を払《はら》って使用するよう意識していきましょう！

文章作法・その12
接続表現の用法はきちんと理解し、正確に運用する！

石黒圭《けい》『文章は接続詞で決まる』（光文社新書）は、接続表現を〈順接／逆接／並列《へいれつ》／対比／列挙／換言／例示／補足／転換／結論〉の十種類に分類しています。個々の接続表現の機能や実際の使われ方を、一つずつ確認していきましょう（なお、分類は同書を参照しましたが、その定義については、僕のほうで簡略に解釈し直してあります）。

〈順接〉…原因と結果の関係をつなぐ。

（例）風邪《かぜ》を引いた。**だから**学校を休んだ。

（例）彼の批判には説得力があった。**したがって**、私も認めざるを得なかった。

（例）望遠鏡をのぞいてみた。**すると**そこには、美しいクレーターが映っていた。

〈逆接〉…逆の内容をつなぐ。

（例）一所懸命《いっしょけんめい》に勉強した。**しかし**、成績は下がってしまった。

（例）確かに彼の成績は良い。**だが**、性格にはやや難がある。

（例）デカルトは理性をこそ最も信頼に足るものと考えた。**ところが**その発想は、現代思想によって否定されることになる。

〈並列〉…前に述べた事柄《ことがら》に並べたり付け加えたりする。

（例）顔を洗った。**そして**、歯を磨《みが》いた。

（例）夜空には木星が輝《かがや》いていた。**それに**、その近くには土星も見えた。

（例）よく学び、**かつ**、よく遊ぶ。

〈対比〉…前と後とを比べたり、どちらを選択《せんたく》するかを表したりする。

(例) 兄はスポーツを得意とする。一方、弟は勉強ができる。

(例) 君もしくは僕《ぼく》のどちらかがやることになる。

(例) 文系に進むべきか。それとも、理系を選択すべきか。

〈列挙〉…一つ一つ数えるように並べあげる。

(例) 第一に、彼女は優秀である。第二に、性格も良い。まさに生徒会長にふさわしい人物であると言える。

(例) 子どもは一般に、最初につかまり立ちを覚え、その後歩けるようになる。

（例）**まず**基本的な知識を暗記し、**次に**理屈を学ぶ。

〈換言〉…前に述べたことを言い換《か》える。

（例）書き上げた文章は、何度も見直して修正を加えること、**つまり**推敲《すいこう》が大切だ。

（例）異なる文化を持つ者たちが共に生きていくことのできるような場、**すなわち**多様性の尊重される社会を構築しなければならない。

（例）彼女はあらゆる教科で学年一位となった。**要するに**天才なのだ。

〈例示〉…実例を挙げて説明する。

（例）多くの小説家は、自身の内面を吐露《とろ》する作風をとる。**例えば**、芥川龍之介《あくたがわりゅうのすけ》や太宰治などだ。

（例）その城は当世随一《ずいいち》の堅固《けんご》を誇《ほこ》り、**実際**多くの敵を退けた。

（例）彼は水泳を得意とするが、**とくに**クロールでは全国大会にも出場している。

〈補足〉前に述べた内容に説明を補足したり理由を付け加えたりする。

（例）彼女はクモの世界にすっかり魅《み》せられてしまった。**なぜなら**その独特の生態が、研究対象として非常に興味深かったからだ。

（例）表現の自由は守られるべきだ。**ただし**、差別を助長するような内容は許されない。

（例）成績優秀の彼でも、今回の英語のテストは60点しかとれなかった。**もっとも**、平均点は30点台だったが。

〈転換〉…前に述べられた内容から話題を変える。

（例）アメリカの教育は以上のような問題を抱《かか》えている。**さて**、日本ではどうだろうか。

（例）少子高齢《こうれい》化社会に警鐘《けいしょう》を鳴らす言説は多い。**では**、当の高齢者たちは、こうした現況《げんきょう》をどのように受け止めているのだろうか。

（例）近年、読書と学力との相関が指摘されてきた。**ところで**、小学生の読書習慣は読書感想文によって身につくのかという議論がある。

〈結論〉…それまで述べてきた内容をまとめ、結論を導く。

（例）犬の概念《がいねん》を表す音は、〈イヌ〉でもいいし〈DOG〉でもかまわない。**このように**、概念と音との対応は、恣意《しい》的な関係にすぎないのだ。

(例)以上、近代哲学への批判をいろいろと挙げてきたが、**いずれにせよ**、そうした言説は皆《みな》、近代哲学における〈排除《はいじょ》〉の構造を問題視しているのだった。

(例)課題は山積しているが、**とにかく**、やれるだけのことをやるしかない。

中村　大学受験をしたときにはけっこう意識していたはずですが、こうしてあらためて確認してみると、自分の文章、先ほど先生にご指摘いただいた箇所以外にも、いい加減なところがありますね……。

小池　お。どこらへん？

中村　そうですね、

したがって、侮辱を甘んじて受け入れ、相手のいいなりになるという韓信らの行動は、逆にいえば相手への「底知れぬ軽蔑感」の裏返しであり、そこが「イヤミなキザなもの」であるというわけだ。もちろんソクラテスは結果として「無言」で相手の侮辱を受け入れたのではない。彼の「自分は君たちとは違って優秀な人間だけれども、今回は特別に、君たちのところまで降りていってやるよ」という態度は、韓信らの「イヤミ」に通じるようなものを持っているのではないだろうか。

小池 ……っていう段落だと、冒頭の「したがって」はおかしい。どのように？

中村 んー、「したがって」は〈順接〉の接続表現ですから、前後は因果関係になっていないと変ですよね。でも、この一文は、直前に引用した太宰の作品の内容を言い換えて説明しているわけですから、〈換言〉の「つまり」「要するに」あたりが適切だと思います。

小池 ご名答！

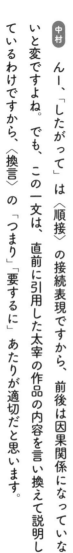

中村　あと、「もちろんソクラテス〜」という文と、その次の「彼の……持っている」という箇所は対立関係を持っているので、間に〈逆接〉の表現を挟《はさ》んだほうがスムーズに文章がつながるか、と。

小池　すばらしい自己分析《ぶんせき》だね。さすがです。その点を修正すれば、もう大丈夫《だいじょうぶ》でしょう！

以下に、この後で中村さんがリライトした完成原稿《げんこう》を載《の》せておきます。〈主張〉については賛否あるとは思いますが、筋の通った、かつ、表現としても読みやすいものに仕上がっていると言えるのではないでしょうか。

【文章3】

古代ギリシャの哲学者ソクラテスは、「わからないことなど何もない」と豪語する同時代の知識人（ソフィスト）をいさめる意図で、「彼らは何もわかっていない。そして、私も何もわかっていない。ただ、私は自分が何もわかっていないということを自覚できている」という旨を述べたという。

後世の人間は、ソクラテスのこの言葉を「無知の知」と呼び、おおいに賞賛した。「自分の無知を自覚する」という態度は、それを自覚した人間を謙虚にすることができ、そうした謙虚さがあればこそ、その人間は真の意味で知を愛することができる、というわけだ。今回この講義を担当なさる先生も、「ソクラテスのそうした謙虚さにこそ、我々現代の知識人も学ばなくてはならない」とおっしゃっていた。

しかし、本当にそうだろうか。

私は、このソクラテスの言葉に、ある種の嫌味が感じられてならないのだ。

それは、「私も何もわかっていない」と自らをソフィストと同じ地平に置く、つまりは相手の位置までへりくだる姿勢を見せておきながら、結局は「自分は違う」と自己を特権化している、その語り口だ。この言葉を口にした段階でソフィストたちを見下していたに違いないソクラテスが、あえて自らを相手のレベルにまで低める。しかし、最終的には自分の優秀性をアピールする。こうした身振りに、「自分は君たちとは違って優秀な人間だけれども、今回は特別に、君たちのところまで降りていってやるよ」という鼻持ちならない思いが読み取れてしまうのだ。

漢の天下統一に貢献した武将の韓信が、若いころに町の不良にけんかを売られたけれど逆らわず、言われるままに不良の股をくぐるという屈辱を受け入れる。それは、韓信には為すべき大志があったからだ――こうした故事に由来する、「韓信の股くぐり」ということわざがある。「大きな志を持つ者は、目の前の小さな侮辱など我慢すべきだ」という戒めだ。太宰治の『親友交歓』という作品に、この「韓信の股くぐり」についての思いを綴ったくだりがある。

私は、ふと、木村重成と茶坊主の話を思い出した。それからまた神崎与五郎と馬子の話も思い出した。韓信の股くぐりさえ思い出した。元来、私は、木村氏でも神崎氏でも、また韓信の場合にしても、その忍耐心に対して感心するよりは、あのひとたちが、それぞれの無頼漢に対して抱いていた無言の底知れぬ軽蔑感を考えて、かえってイヤミなキザなものしか感じる事が出来なかったのである。

つまりは、侮辱を甘んじて受け入れ、相手のいいなりになるという韓信らの行動は、逆にいえば相手への「底知れぬ軽蔑感」の裏返しであり、そこが「イヤミなキザなもの」であるというわけだ。もちろんソクラテスは結果として「無言」で相手の侮辱を受け入れたのではないけれども、しかしながら彼の「自分は君たちとは違って優秀な人間だけれども、今回は特別に、君たちのところまで降りていってやるよ」という態度は、韓信らの「イヤミ」に通じるようなものを持っているのではないだろうか。

現代の知識人のなかにも、いかにも「市民の味方です」といった身振りをとる人間がいる。しかしながら彼らのそうしたふるまいに鼻持ちならなさを感じる私のような人間は、少なからずいるだろう。市民と学問との距離を縮めるためにも、学問に携わる人間は、こうした偽善的な言動に気をつけるべきではないだろうか。

（1377字）

03 指示語を使いこなそう

松島さん

この回は、**第1部3章 論理的な文章って？③**の続きになっています。登場するのは中学生の松島さん。『走れメロス』の読書感想文について、その〝400字詰《づ》め原稿《げんこう》用紙2枚〟という条件に頭を抱えていましたね。では、例によってここで、前回松島さんが提出した文章を確認《かくにん》してみましょう。

【文章1】

私がこの物語を読み終えたとき最も印象に残ったのは、メロスとセリヌンティウスがお互《たが》いの顔を殴《なぐ》り合うシーンだ。ただ殴るだけではない。セリヌンティウスは「刑場《けいじょう》一ぱいに鳴り響《ひび》くほど音高くメロスの右頬《みぎほお》を殴った」し、メロスもまた、「腕《うで》に唸《うな》りをつけてセリヌンティウスの頬を殴った」。全力だ。読んでいるこちらの顔面とこぶしも痛くなってくる。まさに、こぶしで語り合うというやつだ。彼らは互いの気持ちを、肉体を通じて確認し合うのである。人と人との関係においては肉体的な感覚をともにすることが大切なのだ、というメッセージだろうか。
（254字）

なるほど、〝400字詰め原稿用紙2枚〟という条件に対して254字は、あまりにも短いですね。そこで松島さんに出されたのが、

文章作法・その6
〈論拠《ろんきょ》〉は複数用意する！ ただし、一つ一つを詳しく書く！

というアドバイスでした。具体的には、「人と人との関係においては肉体的感覚の共有が大切」という〈主張〉に対する〈論拠〉が、今のところ「メロスとセリヌンティウスが殴り合

うことで互いの気持ちを確認した」という内容だけ。つまり、右のような〈**主張**〉を裏付ける〈**論拠**〉を、もう一つ、ないしはいくつか、この作品を読み返すことで見つけることが課題であったわけですね。

松島 見つかりましたよ、先生！

小池 お。

松島 あらためて、「肉体」というテーマに注目しながら『走れメロス』読み返してみたんですけど、いやもう、たくさんありました。あからさまに「肉体」の大切さを推《お》しまくっている箇所《かしょ》が。

小池 ほうほう。

松島 で、その点を踏《ふ》まえて書き直してきたのがこれになります。

小池 おお！　少なくとも字数はかなり稼《かせ》げたね。

松島 内容も自信ありますよ！

小池 ほう。ではちょっと読ませてもらうよ。

松島 はい！

【文章2】

＊塗り潰していない部分が、今回松島さんが追加・修正した記述です。

『走れメロス』は、本当に友情の大切さなどを訴《うった》えているのだろうか。私がこの物語を読み終えたとき最も印象に残ったのは、メロスとセリヌンティウスがお互いの顔を殴り合うシーンだ。ただ殴るだけではない。セリヌンティウスは「刑場一ぱいに鳴り響くほど音高くメロスの右頰を殴った」し、メロスもまた、「腕に唸りをつけてセリヌンティウスの頰を殴った」。全力だ。読んでいるこちらの顔面とこぶしも痛くなってくる。まさに、こぶしで語り合うというやつだ。彼らは互いの気持ちを、肉体を通じて確認し合うのである。

この物語が登場人物の肉体という点にこだわりを見せるのは、メロスとセリヌンティウスが殴り合うシーンだけではない。例えば、メロスが王のもとへ駆《か》けつけるのをあきらめそうになる場面では「身体疲労《ひろう》すれば、精神も共にやられる」とあるし、逆に、ふたたび立ち上がるところでは、「肉体の疲労恢復《かいふく》と共に、わずかながら希望が生れた」、「五臓が疲《つか》れているときは、ふいとあんな悪い夢を見るものだ」などとある。物語の中でもかなり盛り上がるところであるわけだから、そこでそのことについての話題を繰《く》り返すのは、やはりたまたまとは思えない。最後の場面もまた、注目に値《あたい》する。まさに物語の結末の部分で、メロスのもとにやってきた少女はメロスの「裸体《らたい》」を隠《かく》そうとするし、メロスもまた、自分が「裸体」であることをセリヌンティウスにからかわれて「赤面」するのだ。それは、メロスの肉体を描《えが》くことによって、一件落着を迎《むか》えるのである。

このように、『走れメロス』の重要な場面には、登場人物の肉体に対するしつこいくらいの記述が認められる。肉体へのこだわり方には明らかに、意図的なものが感じられるのだ。

人間というものを、あるいは友情とか正義とかいうものを成り立たせている最も大切なものはそれなのだ——これが読者に訴えているのは、実はそういうメッセージなのではないだろうか。

（797字）

繰り返しますが、今回松島さんにとって課題となったのが、

『走れメロス』の中から、「人と人との関係においては肉体的感覚の共有が大切」という〈**主張**〉に対する〈**論拠**〉を、新たに探すこと

でした。最初に提出した文章で挙げた、

〈**論拠①**〉メロスとセリヌンティウスが殴り合うことで互いの気持ちを確認した

以外に、別の〈**論拠**〉を提示できているでしょうか。

〈**論拠②**〉メロスが王のもとへ駆けつけるのをあきらめそうになる場面

↓「身体疲労すれば、精神も共にやられる」

メロスがふたたび立ち上がるところ

↓「肉体の疲労恢復と共に、わずかながら希望が生れた」

↓「五臓が疲れているときは、ふいとあんな悪い夢を見るものだ」

〈**論拠③**〉最後の場面

↓メロスのもとにやってきた少女はメロスの「裸体」を隠そうとする

↓メロスもまた、自分が「裸体」であることをセリヌンティウスにからかわれて「赤面」する

「人と人との関係においては肉体的感覚の共有が大切」という当初想定していた〈**主張**〉からは、ややズレてしまっていますね。少なくとも〈**論拠②**〉についてはメロス個人の感覚に即《そく》した記述であり、「肉体的感覚」の「共有」はなされていませんから。ただ、松島さんはそのことにきちんと気づいています。だからこそ、

修正前の〈**主張**〉…人と人との関係においては肉体的な感覚をともにすることが大切

←

修正後の〈**主張**〉…人間というものを、あるいは友情とか正義とかいうものを成り立

たせている最も大切なものは肉体と、〈主張〉がすべての〈論拠〉を受けたものとなるよう微調整《びちょうせい》を加えているわけです。これはかなりのファインプレーと言えるでしょう。そしてさらに評価できるのは、松島さんには**第1部4章 論理的な文章って?④**で言及《げんきゅう》した

文章作法・その7

〈論拠〉と〈主張〉の間に〈論拠〉の内容をまとめた〈抽象《ちゅうしょう》〉を置くと、文章の〈首尾一貫性《しゅびいっかんせい》〉が向上する!

という方法は教えていないのに、

このように、『走れメロス』の重要な場面には、登場人物の肉体に対するしつこいくらいの記述が認められる。肉体へのこだわり方には明らかに、意図的なものが感じられるのだ。

と、三つの〈論拠〉を束ねる〈抽象〉をきちんと用意している。論の展開という観点から言うなら、中学生の作文としては相当にレベルの高いものとなっていると言えましょう。

松島 やった！　嬉《うれ》しいです。

小池 うん。これは本当にすばらしいよ。もうこのまま提出したって大丈夫《だいじょうぶ》。

松島 イエイ！

小池 ……でもね、せっかくだから、もう少し手を加えて、さらに上のレベルを目指しちゃおうか！

松島 え……まだ直すとこあるんですか……？

小池 細部にこだわるなら、ある。例えば、この物語が登場人物の肉体という点にこだわりを見せるのは、メロスとセリヌンティウスが殴り合うシーンだけではない。

松島　っていうところだけど、この「メロスとセリヌンティウスが殴り合うシーン」については、直前の段落でその内容が詳しく説明されているよね。

小池　確かに。

だったら、ここは、

この物語が登場人物の肉体という点にこだわりを見せるのは、このシーンだけではない。

などと書いたほうがすっきりする。

松島 あ、指示語っていうやつですね！

小池 そうだね。今回松島さんが書き足してきた箇所には、指示語を適切に用いることでさらに文意が伝わりやすくなるところがいくつかあるんだ。

松島 なるほど。

小池 というわけで、まずは指示語の働きについて、ちょっと確認してみようか。

松島 はい！

指示語とは、どのような言葉を言うのでしょうか。

それは原則として、文中に一度述べられた内容を指し示し、言い換《か》える働きを持つ言葉のことでしたね？　そう。「これ」「ここ」「あの」「そう」などです。何度も同じ表現を繰り返して記述がくどくなることを避け、端的《たんてき》でわかりやすい文章を書くために用います。以下にいくつか、その使用例を挙げてみたいと思います。なお、今回のテーマに即すると、「どれ・どこ・どの・どう」などには触《ふ》れる必要があまりないので、そこは割愛《かつあい》します。

A

土壇場《どたんば》で逆転することに成功した。**この**粘《ねば》り強さが、彼の長所なのだ。

⬇この＝土壇場で逆転することに成功した（ような）

B

文学を学ぶことの意味について考える。**それ**こそが、現代社会の閉塞《へいそく》を打破することにつながると思うからだ。

⬇それ＝文学を学ぶことの意味について考えること／文学を学ぶこと／文学

C

彼は運動もスポーツも万能《ばんのう》だ。**ああ**いう人に、心の底から憧《あこが》れる。

⬇ああ＝（彼のように）運動もスポーツも万能（と）

D

あらゆる共同体には神話が存在する。**そこ**に人類に普遍的な思考を読み解く鍵《かぎ》があるはずだ。

⬇そこ＝あらゆる共同体に神話が存在すること（…存在するという事実）

皆《みな》、僕《ぼく》たちが日常的に使う表現ですから、そこまで詳しい解説は必要ないかと思います。また、文法的にしばしば指摘《してき》されるような、いわゆる〈こ＝近称《きんしょう》／そ＝中称／あ＝遠称〉などの区分も、日本語の母語使用者の持つ常識的な感覚で使用すれば、だいたい大丈夫であるはずです。しかし、だからといって指示語を軽んじてはなりません。例えば、もし、指示語を使わなかったら、右の各例文はどのような書き方になるか……。

A 土壇場で逆転することに成功した。土壇場で逆転するような粘り強さが、彼の長所なのだ。

B 文学を学ぶことの意味について考える。文学を学ぶことの意味について考えることこそが、現代社会の閉塞を打破することにつながると思うからだ。

C 彼は運動もスポーツも万能だ。彼のように運動もスポーツも万能な人に、心の底から憧れる。

Ⓓ あらゆる共同体には神話が存在する。あらゆる共同体に神話が存在するという事実に人類に普遍的な思考を読み解く鍵があるはずだ。

皆、ものすごく冗長《じょうちょう》でくどい表現になってしまいますよね。それどころか、特に例文Ⓐや Ⓓに顕著《けんちょ》ですが、一文目と二文目との間の〝つながり〟が希薄《きはく》になってしまう。これは逆に言えば指示語には、文と文との〝つながり〟を明示する働きもあるということです。

では、以下の例文Ⓔを、指示語を適切に用いて、端的で、かつ、文と文との〝つながり〟が明らかな書き方へと修正してみてください。

Ⓔ 現代、グローバリゼーションはますます進行している。グローバリゼーションの進行という現象により、一国の政治や経済を考えるうえでは一国内のことばかり考えていればよいという考え方は、完全に過去のものとなった。一国内だけのことを念頭に置いた考え方では、様々な問題が解決できないとわかったのだ。

どうでしょうか？

E 現代、グローバリゼーションはますます進行している。**グローバリゼーションの進行という現象**により、一国の政治や経済を考えるうえでは一国内のことばかり考えていればよいという考え方は、完全に過去のものとなった。**一国内だけのことを念頭に置いた考え方**では、様々な問題が解決できないとわかったのだ。

網がけした箇所は、それぞれ、直前の二重傍《ぼう》線《せん》部と同じことを言っています。つまり、ここに指示語や指示語を含《ふく》む表現を用いればよいわけですね。

E 現代、グローバリゼーションはますます進行している。**こう**した現象により、一国の政治や経済を考えるうえでは一国内のことばかり考えていればよいという考え方は、完全に過去のものとなった。**そう**いった考え方では、様々な問題が解決できないとわかったのだ。

かなり読みやすくなったのではないでしょうか？　指示語を適切に用いることは、やはり、明瞭《めいりょう》な文章を書くうえで大切なポイントになるわけですね。

ただし、「適切に用いる」ということが重要です。例えば、右に挙げた例文が、以下のような書かれ方だったとしたらどうでしょう。

Ⓔ 現代、グローバリゼーションはますます進行している。**こう**した現象により、一国の政治や経済を考えるうえでは**それ**ばかり考えていればよいという考え方は、完全に過去のものとなった。**こう**した考え方では、**それら**が解決できないとわかったのだ。

あまりに指示語を多用しすぎると、今度は逆にその指示語が何を指し示しているか、確認しづらくなってしまうわけですね。指示語は、「適切に用いる」ことが大切なのです。自分で書いた文章は何度も読み返し、その指示語の用い方で相手に文意が伝わるかどうか、必ず確認しましょう。

さて、指示語の解説のラストに、以下の例文を挙げておきたいと思います。

Ⓕ 山路《やまみち》を登りながら、**こう**考えた。

智《ち》に働けば角《かど》が立つ。情《じょう》に棹《さお》させば流される。意地を通せば窮屈《きゅうくつ》だ。とかくに人の世は住みにくい。

夏目漱石《なつめそうせき》『草枕《くさまくら》』の冒頭《ぼうとう》です。ここにも指示語「こう」が用いられているわけですが、でも、この「こう」、これまでの例文で示した指示語とは異なる使われ方になっているのがわかりますよね。そう、これまで挙げた例文中の指示語は、すべて、その前に書かれている内容を指し示していました。けれどもこの『草枕』一文目の「こう」は、その後に続く「智に働けば角が立つ。情に棹させば流される。意地を通せば窮屈だ。とかくに人の世は住みにくい。」という記述を指している。指示語は原則としてはその直前の内容を指しますが、このように、後に続く内容を示すこともできるわけです。

松島 なるほど……指示語、確かに重要ですね。

小池 でしょ？ ということで、松島さんの修正原稿で、指示語の使い方で気になるところを挙げていくので、一緒《いっしょ》に直してみよう。

松島 はい！

小池 まず、先ほど修正を加えた段落ですが……

この物語が登場人物の肉体という点にこだわりを見せるのは、このシーンだけではない。例えば、（中略）ふたたび立ち上がるところでは、「肉体の疲労恢復と共に、わずかながら希望が生れた」、「五臓が疲れているときは、ふいとあんな悪い夢を見るものだ」などとある。物語の中でもかなり盛り上がるところであるわけだから、そこでそのことについての話題を繰り返すのは、やはりたまたまとは思えない。

ここは、「物語の中でもかなり盛り上がるところである」に対応する主語がないので、この直前に指示語を用いながら、

これらのシーンは、物語の中でもかなり盛り上がるところである……。

などと補っておくとよいでしょう。

松島　ふむふむ。う～ん、でも先生、よくよく読み返してみたら、

そこでそのことについての話題を繰り返すのは、やはりたまたまとは思えない。

という箇所の「そのこと」の「その」って、逆に何を指しているかちょっとわかりづらくありません？

小池　お。確かに。じゃあ、どう直す？

松島　う～ん、ここは、「そこで肉体についての話題を繰り返すのは、やはりたまたまとは思えない。」と、きちんと内容を示す、とか。

小池　いいね！　さすが松島さん。では、この段落はどうかな？

最後の場面もまた、注目に値する。まさに物語の結末の部分で、メロスのもとにやってきた少女はメロスの「裸体」を隠そうとするし、メロスもまた、自分が「裸体」であることをセリヌンティウスにからかわれて「赤面」するのだ。それは、メロスの肉体を描くことによって、一件落着を迎えるのである。

松島　ええっと……「自分が『裸体』であることをセリヌンティウスにからかわれて」ってところ、ここ、その前にもメロスが「裸体」であることは書いてあるわけですから、「それをセリヌンティウスにからかわれて」でいいかも。

小池　確かに。逆に、「それは、メロスの肉体を描くことによって、一件落着を迎えるのである。」の「それ」って、ちょっと何指しているかわかりづらくない？

松島　あ……。

小池　うん。ここは、「物語」などとその内容を明示したほうが親切だよね。

松島　ですね。

小池　あと、ここなんだけど……

このように、『走れメロス』の重要な場面には、登場人物の肉体に対するしつこいくらいの記述が認められる。肉体へのこだわり方には明らかに、意図的なものが感じられるのだ。

松島 あ。「肉体へのこだわり方」ってところも、直前に同じことが書いてあるわけだから、「ここ」で問題ないですね。

小池 まさに。あとは最後に、

人間というものを、あるいは友情とか正義とかいうものを成り立たせている最も大切なものはそれなのだ――これが読者に訴えているのは、実はそういうメッセージなのではないだろうか。

という箇所だけど、「大切なものはそれなのだ」の「それ」は、「肉体」を指しているわけだよね？

松島　ええと……あ、はい、そうなりますね。でも、ちょっとその前に書いてある「肉体」とは、位置的に離《はな》れてしまっていますね……。

小池　だね。

松島　ということは、ここも、「大切なものは肉体なのだ」と書いたほうがいいですね。

小池　その通り。あとは、「これが読者に訴えている」の「これ」も、ちゃんと「この物語」とか「語り手」と明言してあげたほうがわかりやすいね。

松島　確かに！

小池　よし！　これで完成ということで大丈夫でしょう！　というか、中学生の読書感想文としては、かなりレベルの高いものに仕上がったと思いますよ。

松島　やった！

【文章3】

『走れメロス』は、本当に友情の大切さなどを訴えているのだろうか。

私がこの物語を読み終えたとき最も印象に残ったのは、メロスとセリヌンティウスがお互いの顔を殴り合うシーンだ。ただ殴るだけではない。セリヌンティウスは「刑場一ぱいに鳴り響くほど音高くメロスの右頬を殴った」し、メロスもまた、「腕に唸りをつけてセリヌンティウスの頬を殴った」。全力だ。読んでいるこちらの顔面とこぶしも痛くなってくる。まさに、こぶしで語り合うというやつだ。彼らは互いの気持ちを、肉体を通じて確認し合うのである。

この物語が登場人物の肉体という点にこだわりを見せるのは、このシーンだけではない。例えば、メロスが王のもとへ駆けつけるのをあきらめそうになる場面では「身体疲労すれば、精神も共にやられる」とあるし、逆に、ふたたび立ち上がるところでは、「肉体の疲労恢復と共に、わずかながら希望が生れた」、「五臓が疲れているときは、ふいとあんな悪い夢を見るものだ」などとある。これらのシーンは、物語の中でもかなり盛り上がるところであるわけだから、そこで肉体についての話題を繰《く》り返すのは、やはりたまたまとは思えない。

最後の場面もまた、注目に値する。まさに物語の結末の部分で、メロスのもとにやってきた少女はメロスの「裸体」を隠そうとするし、メロスもまた、それをセリヌンティウスにからかわれて「赤面」するのだ。物語は、メロスの肉体を描くことによって、一件落着を迎えるのである。

このように、『走れメロス』の重要な場面には、登場人物の肉体に対するしつこいくらいの記述が認められる。ここには明らかに、意図的なものが感じられるのだ。人間というものを、あるいは友情とか正義とかいうものを成り立たせている最も大切なものは肉体なのだ——この物語が読者に訴えているのは、実はそういうメッセージなのではないだろうか。


（774字）

文章作法・その13

指示語の適切な使用は、文章を読みやすくする！

04 レトリックについて

岩崎さん

この回は、**第1部4章 論理的な文章って?④**の続きになっています。小学生のお孫さんから、戦争体験について文章にしてほしいと頼《たの》まれた岩崎さんでしたが、岩崎さんは、前回の授業中、最初に提出した文章をすでに一回書き直しています。それが、次の文章になります。

【文章1】

ラジオから終戦の詔勅《しょうちょく》、いわゆる玉音放送が流れ、日本の敗戦が告げられたとき、私はまだ幼い少女でした。私は、戦争体験者なのです。

忘れもしません。1945年3月10日の未明、私の住んでいた東京都の下町は、B29の爆撃《ばくげき》を受け、炎《ほのお》に包まれました。いわゆる、東京大空襲《だいくうしゅう》です。私は、母と、妹と、そして母に抱《だ》かれたままのまだ赤ん坊《ぼう》だった弟と、降り注ぐ焼夷弾《しょういだん》を見上

げながら、こっちだ、あっちだ、と、逃《に》げまどっていました。焼夷弾は、私の目の前にも落ちました。あと30センチ私が前にいたら、私は今こうして、この文章を綴《つづ》ることもできなかったでしょう。私は幸運にも、焼夷弾を避けることができたのです。けれども、次の瞬間《しゅんかん》、背後から悲鳴が聞こえました。妹でした。振《ふ》り返ると、弟を抱っこしたままの母が、数メートルも向こうにあおむけになっていました。爆風で吹っ飛ばされたのです。母は、すぐにむくりと起き上がりました。私たちも駆《か》け寄りました。そして、母の抱く弟が無事かどうか、のぞき込《こ》んだのです。赤ん坊の口の周りには、どす黒い血の塊《かたまり》のようなものがへばりついていました。終わった、と思いました。母も、ぼそりと、「死んだね」と言いました。本当に、何の感情も感じられないような、冷たく、抑揚《よくよう》のない言い方でした。目の前の事実を、何の思いも交えずに、淡々《たんたん》と描写《びょうしゃ》しているかのような口ぶりでした。何より私自身も、悲しみを覚えるでもなく、怒《いか》りに震《ふる》えるでもなく、一つの生命の死を、ただぼーっと眺《なが》めているだけだったのです。もっとも、弟は死んではいませんでした。口の周りにこびりついたドロに、炎が反射して、血のように見えただけでした。ですから後年そのことは、「あのときはおしまいかと思ったよ」と、家族の笑い話になりました。私も笑いました。でも、心の底では笑えませんでした。あのときの、感情がからっぽになったかのような母や私の様子を思い出すにつけ、私は今でも、ゾッとするのです。

戦争が終わって少したってから、私は、それが何の用事だったかは忘れてしまいましたが、祖母に連れられ、出かけました、上野へ。昼下がり、祖母はそこいらにある手ごろな石段に私を座《すわ》らせ、そして、自分も腰《こし》を下ろしました。「お弁当をつかおう」といって風呂敷《ふろしき》包みから取り出したのは、なんと白米でこしらえたおむすび。おむすびが、「私を食べて」とニコニコ笑っているのです。私は思わず、歓声《かんせい》。今の若い方々には想像もできないでしょうが、当時は、物資があまりにも窮乏《きゅうぼう》し、めったに口にできるものではなかったのですよ、白いご飯なんて……！おいしいおいしい塩むすび！　私は夢中になってそれをほおばりました。まるで世界に私とおむすびしかないかのよう。ところが、私が二つ目のおむすびに手をつけようとした、そのときです。突如《とつじょ》祖母が、「しっ、しっ！」と、前方に向けて手で追い払《はら》うしぐさをとりました。私は動かしていた口を止め、祖母の視線の先に目をやりました。刃物《はもの》のように鋭《するど》い視線は、すぐ目の前に刺《さ》さっていました。

数人の男の子――いや、男の子か、女の子か、わかりません。針金のようなぼさぼさの髪の毛に、全身は蒸気機関車のすすで汚《よご》れたかのようでした。ただ、その子らが、おそらくはそのときの自分とそう変わらない年齢《ねんれい》であることは、その子らの背丈《せたけ》から想像できました。戦争浮浪児《ふろうじ》。あの時代、たくさんいました。戦争で両親を失ってしまい、路上で生活をする子どもたち。その子らは、私の手にしていたおむすびを、じっと見つめていました。ただひたすらに、じっと。「おくれ」とも言いません。つばも鳴らしません。なんというか、自分たちとは関係のない遠くの出来事を、空《むな》しい目つきでただただ眺めている、という風でした。それでも私は、おむすびを分けてあげるべきだったのでしょう。だけど、私はそれをできませんでした。かわいそうだとも思いませんでした。私と彼らとの間を、透明《とうめい》な壁《かべ》がさえぎっていたのです。じっと見られていることに何も感じず、またおいしいおいしいおむすびをほおばり、ぺろり、ぺろり。いつのまにか、あの子たちもいなくなっていました。祖母と私は、何事もなかったかのように、その場を離《はな》れ、家路につきました。

心を失った人間は、もはや人間ではありません。戦争は、人間から人間を奪《うば》うのです。そのような戦争を、私たちは、二度と繰り返してはいけない。私は痛切にそう思います。今の若い人たちに、どうしても私の経験した生身の戦争体験を知ってほしく、この文章をしたためました。最後までお読みくださって、本当にありがとうございます。

そして、この文章に対して出された課題は、

文章作法・その7

〈論拠《ろんきょ》〉と〈主張〉の間に〈論拠〉の内容をまとめた〈抽象《ちゅうしょう》〉を置くと、文章の〈首尾一貫性《しゅびいっかんせい》〉が向上する！

というものでしたね？　具体的には、「『東京大空襲下での具体的な体験』と『上野での具体

的な経験』とを書いた後に、その二つのエピソードをまとめた〈抽象〉を用意する」ということです。

岩崎 〈論拠①〉と〈論拠②〉の後にもってくる〈抽象〉段落、こんなふうに作ってみましたけど、どうかしら？

戦争や、戦後の極限状態では、人間は心を失います。愛する弟が死んだかもしれないのに、心は何も思いません。飢《う》えた浮浪児に見つめられても、かわいそうという感情の一つも持てずに、自分の食欲を満たすのに夢中になります。

小池 ……お。これは良いですね。二つのエピソードの内容を、「戦争や、戦後の極限状態では、人間は心を失います」という共通点を軸《じく》として、端的《たんてき》にまとめられています。

岩崎 ほっ……これでひと安心。

小池　ですね。小学生に読ませるべき、すばらしい内容のエッセイに仕上がったと思います。思います……が……。

岩崎　あら。まだ直したほうがよいところ、あるのかしら？

小池　せっかくですので、もうあと少しだけ磨《みが》き上げましょう。

岩崎　もちろんです。

小池　端的に言えば、岩崎さんが前回ここで書き足された〈上野の戦災孤児のエピソード〉なのですが、この段落の書き方、ちょっとレトリックが過剰《かじょう》なんですね。

岩崎　レトリック……？

小池　いわゆる、表現技法というやつですね。普通の言い方ではなく、ちょっとかっこつけた表現と言いましょうか。例えば、「私は人間だ」ではなく、「人間だ、私は」みたいに言ったりする……。

岩崎　ああ、倒置《とうち》法とか、そういった表現のことですね？

小池　そうですそうです。それが少々、上野のエピソードでは多用されすぎた感が否《いな》めないんですね。

岩崎　なるほど。

小池　ですので、ここでいったん、代表的なレトリックの知識についておさらいし、それについて少しだけ考察を深めておきましょう。

▼直喩《ちょくゆ》法…「ようだ」「みたいだ」といった、比喩であることを示す語を用いてたとえる方法。
明喩法とも呼ぶ。
(例) 鶏《にわとり》のような声をあげる。
⬇「ような」を用い、「声」を「鶏(の声)」にたとえている。

▼隠喩《いんゆ》法…「ようだ」「みたいだ」といった、比喩であることを示す語を用いずにたとえる方法。
暗喩法・メタファーとも呼ぶ。
(例) 彼女はバラだ。
⬇「ようだ」も「みたいだ」も用いずに、「彼女」を「バラ」にたとえている。

▼擬人《ぎじん》法…人間以外のものを人間にたとえる方法。
(例) 太陽が笑った。

⬇「太陽」という〝人間ではないもの〟を、「笑う」という人間の動作に用いる語を使って、人間にたとえている。

▼オノマトペ

Ⅰ・擬態語…ものごとの状態や動きなどを、いかにもそれらしい言語音で表した語。「きらきら」「どしどし」「めきめき」など。

(例)キノコが**ニョキニョキ**生える。

Ⅱ・擬声語…ものごとや生き物の声などを言語音で表した語。「ざあざあ」「わんわん」「がたんごとん」など。

(例)時計が**カチコチ**と鳴る。

▼反復法…同じ語句やフレーズを何度も繰り返す方法。

(例)ああ、かわいそうな動物たち。なんてかわいそうな動物たち。

▼**倒置法**…一般《いっぱん》的な語順を転倒させる方法。

(例) クヌギの樹《き》にカブトムシがとまっている。

→ カブトムシがとまっている、クヌギの樹に。

▼**対句《ついく》法**…構造を共有するフレーズを対比的に並べる方法。

(例) 大地には人、大空には鳥。

▼**省略法**…本来述べるべきことを省略し、言外の余韻《よいん》を読者に読み取らせる方法。

(例) 空には雲が浮《う》かんでいる。

→ 空には雲が。

▼**体言止め**…一文を体言(=名詞)で止め、余韻を演出する方法。

(例) どこまでも広がる海。

▼**呼びかけ**…誰《だれ》かに呼びかけているかのように叙述《じょじゅつ》する方法。

(例) おうい、鳥よ！

レトリックと呼ばれるものには他にも様々な種類があるのですが、研究者や専門家でもないかぎり、普通に文章を書くうえで知っておくべきものはだいたい以上になるかと思います。

さて、先ほど岩崎さんへのアドバイスのなかに、「レトリックが過剰」という指摘《してき》がありました。つまりは、右に挙げたような表現技法は、あまり数多く用いないほうがよい、ということですね。では、なぜでしょうか。レトリックの多用には、いったいどのような弊害《へいがい》があるのでしょうか。

例えば皆《みな》さんは、

彼女はバラだ。

という文(「彼女」を「バラ」にたとえている隠喩)を読み、「彼女」がどんな女性であると解釈《かいしゃく》しますか？　「美しい女性」「トゲのある人」「高貴な雰囲気《ふんいき》の人」など、そこには様々な意味を読み取れるはずです。読み手が「バラ」に対して持っているイメージ次第で、いかようにでも解釈できる。ということは、こうした比喩表現は、そこに込められた意味を一義的に解読することが不可能な、ある意味〝曖昧《あいまい》なメッセージ〟であるとも言えるわけです。今回の岩崎さんの文章のように伝えたい明白なメッセージがある場合には、こうした曖昧な表現は、なるべく避けたほうがよいはずです。

ここでちょっと、以下の文章を読んでみてください。萩原朔太郎《はぎわらさくたろう》という詩人の、「悲しい月夜」という詩です。

悲しい月夜　萩原朔太郎

ぬすつと犬めが、
くさつた波止場の月に吠《ほ》えてゐる。
たましひが耳をすますと、
陰気《いんき》くさい声をして、

黄いろい娘たちが合唱してゐる、
合唱してゐる、
波止場のくらい石垣《いしがき》で。

いつも、
なぜおれはこれなんだ、
犬よ、
青白いふしあはせの犬よ。

「くさつた波止場」は、「波止場」が〝腐《くさ》る〟わけはないですから、比喩的な表現であるとわかります。「たましひが耳をすます」は、擬人法。「合唱してゐる、／波止場のくらい石垣で。」は倒置法。「なぜおれはこれなんだ、／犬よ、」という箇所《かしょ》は、本来なら〈犬よ、なぜおれはこれなんだ〉という語順になるはずですから、ここにも倒置法が使われています。あるいは、「犬よ、／青白いふしあわせの犬よ。」というフレーズには、反復法および呼びかけが用いられていますね。

何が言いたいか？

要するに、レトリックが多用される代表的な文章は、詩！ということなのですね。皆さんもご存じの通り、詩というものは、非常に難しい。わかりにくい。むしろ、〝わかる〟ことよりも、駆使《くし》されたレトリックから醸《かも》される、言葉では説明できないような雰囲気を〝感じる〟ための文学であるとすらいえる。ということは、そうした〝考えるよりも感じろ〟系の文章であるところの詩に多用されるレトリックは、自らの考えを明白に読み手に伝えることを目的とする一般的な文章においては、なるべく控《ひか》えたほうがよい。

付言すると、レトリックは元来〝弁論術〟と呼ばれるものであり、とりわけ古代ギリシャのアテネという都市国家では、それを指導する専門家たちがいました。彼らは、自らのレトリックの秀逸《しゅういつ》さを誇示《こじ》するために、「たとえ黒でも、私の弁論術をマスターすれば白と言い張れる！」などとうそぶきました。こうした経緯《けいい》から、弁論術すなわちレトリックは、〝言葉を巧《たく》みに操《あやつ》ることで真実でないことも真実であると言い張るような、悪《あ》しき詭弁《きべん》〟というイメージが刻印されてしまうことになります。現代でも、レトリックの多用にそうしたいかがわしさを感じる人間は多いので、レトリックは、ここぞというところだけでビシッと使用し、基本的には極力避けるということを意識しましょう。

以下に、岩崎さんの文章の上野でのエピソードの叙述に見られるレトリックを確認《かくにん》しておきます。

戦争が終わって少したってから、私は、それが何の用事だったかは忘れてしまいましたが、祖母に連れられ、①出かけました、上野へ。昼下がり、祖母はそこいらにある手ごろな石段に私を座らせ、そして、自分も腰を下ろしました。「お弁当をつかおう」といって風呂敷包みから取り出したのは、②なんと白米でこしらえたおむすび。③おむすびが、「私を食べて」とニコニコ笑っているのです。④私は思わず、歓声。今の若い方々には想像もできないでしょうが、当時は、物資があまりにも窮乏し、⑤めったに口にできるものではなかったのですよ、白いご飯なんて……！⑥おいしいおいしい塩むすび！　私は夢中になってそれをほおばりました。⑦まるで世界に私とおむすびしかないかのよう。ところが、私が二つ目のおむすびに手をつけようとした、そのときです。突如祖母が、「しっ、しっ！」と、前方に向けて手で追い払うしぐさをとりました。私は動かしていた口を止め、祖母の視線の先に目をやりました。⑧刃物のように鋭い視線は、すぐ目の前に刺さっていました。数人の男の子——いや、男の子か、女の子か、わかりません。針金のようなぼさぼさの髪の毛に、⑨全身は蒸気機関車のすすで汚れたかのようでした。ただ、その子らが、おそらくはそのときの自分とそう変わらない年齢であることは、その子らの背丈から想像できました。⑩戦争浮浪児。あの時代、たくさんいました。⑪戦争で両親を失ってしまい、路上で生活をする子どもたち。その子らは、私の手にしていたおむすびを、⑫じっと見つめていました。ただひたすらに、じっと。⑬「おくれ」とも言いません。つばも鳴らしません。なんというか、自分たちとは関係のない遠くの出来事を、空しい目つきでただただ眺めている、という風でした。それでも私は、おむすびを分けてあげるべきだったのでしょう。だけど、私はそれをできませんでした。かわいそうだとも思いませんでした。⑭私と彼らとの間を、透明な壁がさえぎっていたのです。じっと見られていることに何も感じず、またおいしいおいしいおむすびをほおばり、⑮ぺろり、ぺろり。いつのまにか、あの子たちもいなくなっていました。祖母と私は、何事もなかったかのように、その場を離れ、家路につきました。

①倒置法　②体言止め　③擬人法・擬態語　④体言止め　⑤倒置法・呼びかけ　⑥体言止め
⑦直喩法　⑧直喩法　⑨直喩法　⑩体言止め　⑪体言止め　⑫反復法　⑬対句法　⑭隠喩法
⑮擬態語

岩崎　なるほど……よくわかりました。確かにちょっと、私の言い回し、くどいですね（笑）レトリック、修正します。

小池　全部が全部ダメというわけではないですから、可能なかぎりでいいですよ。内容は、本当にすばらしいエッセイですから。

岩崎　ありがとうございます。

小池　ここで書き直していきます？

岩崎　はい。なにせ時間はたっぷりありますからね！（笑）

【文章2】　岩崎さんの完成原稿

　ラジオから終戦の詔勅、いわゆる玉音放送が流れ、日本の敗戦が告げられたとき、私はまだ幼い少女でした。私は、戦争体験者なのです。

　忘れもしません。1945年3月10日の未明、私の住んでいた東京都の下町は、B29の爆撃を受け、炎に包まれました。いわゆる、東京大空襲です。私は、母と、妹と、そして母に抱かれたままのまだ赤ん坊だった弟と、降り注ぐ焼夷弾を見上げながら、こっちだ、あっちだ、と、逃げまどっていました。焼夷弾は、私の目の前にも落ちました。あと30センチ私が前にいたら、私は今こうして、この文章を綴ることもできなかったでしょう。私は幸運にも、焼夷弾を避けることができたのです。けれども、次の瞬間、背後から悲鳴が聞こえました。妹でした。振り返ると、弟を抱っこしたままの母が、数メートルも向こうにあおむけになっていました。爆風で吹っ飛ばされたのです。母は、すぐにむくりと起き上がりました。私たちも駆け寄りました。そして、母の抱く弟が無事かどうか、のぞき込んだのです。赤ん坊の口の周りには、どす黒い血の塊のようなものがへばりついていました。終わった、と思いました。母も、ぼそりと、「死んだね」と言いました。本当に、何の感情も感じられないような、冷たく、抑揚のない言い方でした。目の前の事実を、何の思いも交えずに、淡々と描写しているかのような口ぶりでした。何より私自身も、悲しみを覚えるでもなく、怒りに震えるでもなく、一つの生命の死を、ただぼーっと眺めているだけだったのです。もっとも、弟は死んではいませんでした。口の周りにこびりついたドロに、炎が反射して、血のように見えただけでした。ですから後年そのことは、「あのときはおしまいかと思ったよ」と、家族の笑い話になりました。私も笑いました。でも、心の底では笑えませんでした。あのときの、感情がからっぽになったかのような母や私の様子を思い出すにつけ、私は今でも、ゾッとするのです。

戦争が終わって少したってから、私は、それが何の用事だったかは忘れてしまいましたが、祖母に連れられ、上野へと出かけました。昼下がり、祖母はそこいらにある手ごろな石段に私を座らせ、そして、自分も腰を下ろしました。「お弁当をつかおう」といって風呂敷包みから取り出したのは、なんと白米でこしらえたおむすびでした。私は思わず歓声をあげました。今の若い方々には想像もできないでしょうが、当時は、物資があまりにも窮乏し、白いご飯など、めったに口にできるものではなかったのです。もちろん、その塩むすびのおいしかったこと！　私は夢中になってそれをほおばりました。ところが、私が二つ目のおむすびに手をつけようとした、そのときです。突如祖母が、「しっ、しっ！」と、前方に向けて手で追い払うしぐさをとりました。私は動かしていた口を止め、祖母の視線の先に目をやりました。視線は、すぐ目の前に刺さっていました。数人の男の子――いや、男の子か、女の子か、わかりません。針金のようなぼさぼさの髪の毛に、全身は蒸気機関車のすすで汚れたかのようでした。ただ、その子らが、おそらくはそのときの自分とそう変わらない年齢であることは、その子らの背丈から想像できました。戦争浮浪児です。あの時代、戦争で両親を失ってしまい、路上で生活をする子どもたちがたくさんいたのです。その子らは、私の手にしていたおむすびを、じっと見つめていました。ただひたすらに、じっと。「おくれ」とも言いません。つばも鳴らしません。なんというか、自分たちとは関係のない遠くの出来事を、空しい目つきでただただ眺めている、という風でした。それでも私は、おむすびを分けてあげるべきだったのでしょう。だけど、私はそれをできませんでした。かわいそうだとも思いませんでした。じっと見られていることに何も感じず、またおいしいおいしいおむすびをほおばり、ぺろりとたいらげてしまいました。いつのまにか、あの子たちもいなくなっていました。祖母と私は、何事もなかったかのように、その場を離れ、家路につきました。

戦争や、戦後の極限状態では、人間は心を失います。愛する弟が死んだかもしれないのに、心は何も思いません。飢えた浮浪児に見つめられても、かわいそうという感情の一つも持てずに、自分の食欲を満たすのに夢中になります。

心を失った人間は、もはや人間ではありません。戦争は、人間から人間を奪うのです。そのような戦争を、私たちは、二度と繰り返してはいけない。私は痛切にそう思います。今の若い人たちに、どうしても私の経験した生身の戦争体験を知ってほしく、この文章をしたためました。最後までお読みくださって、本当にありがとうございます。

文章作法・その14

レトリックは、ここぞという箇所以外では、なるべく使用を避ける！

05 言葉をたくさん知るということ

倉内さん

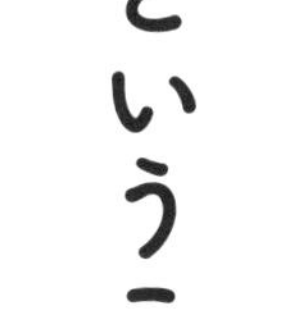

この回は、**第1部5章 説得力のある書き方とは？①**の続きになっています。教育における暗記の重要性を訴《うった》えるブログ記事の草稿《そうこう》を持ってきた倉内さんでしたが、前回の授業で書き足した箇所《かしょ》も含《ふく》め、再度その内容を確認《かくにん》してみましょう。

【文章1】

昨今の教育改革では、「主体性」という言葉が金科玉条の理念として語られています。なるほど、様々な情報や選択肢《せんたくし》にあふれている現代社会においては、そうした行動が求められるのは間違《まちが》いありません。しかし、そういった「主体性」を重んじる主張を言うような文章や発言のなかに、しばしば「知識を暗記する」というこれまでの教育を否定するような言葉を見聞きすることがある。私は、そうした聞き古したようないかにもお約束の言い回しには、やはり首をかしげてしま

うのですね。

私たちはしばしば、議論ということをします。私たちの生きる社会が民主主義によって成り立っている以上、市民の一人一人が自らの意見を持ち、それを他者と交換《こうかん》することによって民意というものを形成していくことは、非常に大切なプロセスになりますからね。しかしその際、自らの言葉を他者に聞いてもらうためには、大前提として、自分の意見や考えを伝えるための語彙《ごい》を持っていなければいけない。

また、近年、政治というものに対する市民一人一人の積極的なかかわりの重要性を訴える声が、SNS等でも強くなってきています。私もそれに触発《しょくはつ》され、以前よりもニュースや新聞の政治面に注意を払《はら》うようになりました。ところが、そこに報道されていることに、いまいちピンとこない。考えてみればこれは当然で、私には、それを腑《ふ》に落とすことができるに十分な知識が欠けていたわけです。先ほど「民主主義」などという概念《がいねん》を例に挙げましたが、その「民主主義」一つとってみても、きちんと自分の言葉で説明できるわけではなかった。ですから私は、書店に行き、高校の政治経済の教科書を購入《こうにゅう》しました。そしてそれを、ノートにまとめながら読み込《こ》んだんですね。すると、見えてくる。ニュースの声や新聞の活字の向こうに、そこに語られる問題が、くっきりとつかみとれる。以降、私も当ブログやあちこちのメディアで、政治の問題について自分の考えを発信してきました。もちろん私の活動など微力《びりょく》も微力ですが、しかし少なくとも、政治経済の教科書を復習しなおすことで、「主体性」をもって政治にかかわれるようになったことは間違いありません。

このように、知識というものは、「主体性」をもって発言したり、考えたり、活動していくうえで必須《ひっす》の条件となるのです。そしてそれを所持するためには、やはりどうしたって、「暗記」という方法は避けては通れません。

未来を担《にな》う若者たちが主体性を獲得《かくとく》していくことは、教育における大切な目標とすべきでしょう。そしてそのためには、「知識の暗記」というプロセスが欠かせない。「主体性」の重要性が唱えられる今こそ、「暗記」にまつわる負のイメージを払拭《ふっしょく》し、より積極的に知識を吸収できるような教育体制を構築することが求められるのではないでしょうか。

この倉内さんの文章に対して出された課題が、まずは、キーワードとなる重要語「主体性」について、その意味内容を説明しておくことでした。そして、より大切になってくるのが、

文章作法・その8 〈論拠《ろんきょ》〉はできるかぎり具体的に記述せよ！

ということ。具体的には、

・〈論拠①〉→「議論において自分の考えを他者に伝えるには、語彙が必要である」という点について、具体的な事例を挙げながら加筆していく

・〈論拠②〉→「政治経済の知識を持つことで、ニュースや新聞の報道を正確に理解できる」という点について、具体的な政治経済の用語を挙げながら記述す

る

この二点であったはずです。

小池 どうです？　ご納得《なっとく》のいくような修正はできましたか？

倉内 はい。自分なりには、先生のご助言を活《い》かせたと思います。

小池 なるほどこれは期待できますね。では、さっそく拝読します。

【文章2】

＊塗り潰していない部分が、今回倉内さんが追加・修正した記述です。なお波線部は、講師が読みながらチェックを入れた箇所です。

昨今の教育改革では、「主体性」という言葉が金科玉条の理念として語られています。

では、そもそも「主体性」とはいったいどのような概念なのでしょうか？　以下に、辞書の定義を引用してみましょう。

他から影響《えいきょう》されることなく、自分の意志や判断によって行動しようとする性質・態度。

（『明鏡国語辞典』より）

なるほど、様々な情報や選択肢にあふれている現代社会においては、そうした行動が求められるのは間違いありません。しかし、そういった「主体性」を重んじる①主張を言うような文章や発言のなかに、しばしば「知識を暗記する」というこれまでの教育を否定するような言葉を見聞きすることがある。私は、そうした②聞き古したようないかにもお約束の言い回しには、やはり首をかしげてしまうのですね。

私たちはしばしば、議論ということをします。私たちの生きる社会が民主主義によって成り立っている以上、市民の一人一人が自らの意見を持ち、それを他者と交換することによって民意というものを形成していくことは、非常に大切なプロセスになりますからね。しかしその際、自らの言葉を他者に聞いてもらうためには、大前提として、自分の意見や考えを伝えるための語彙を持っていなければいけない。例えば、「社会においては、様々な思想や信仰を持ついろいろな出自の人間が、それぞれの生を当然のものとして生きる権利がしっかりと守られていることが大切だ」などとダラダラ③—1表現するよりも、「多様な生が保障される社会が望ましい」と端的《たんてき》に③—2表現したほうが、相手に意図も伝えやすく、より活発な議論が展開されるはずです。けれども、それを可能とするためには、「多様」あるいは「保障」等の語彙を仕入れておかねばなりません。このように、「主体性」をもって議論に臨《のぞ》むには、数多くの言葉を知っていることが必要となるのですね。

また、近年、政治というものに対する市民一人一人の積極的なかかわりの重要性を訴える声が、SNS等でも強くなってきています。私もそれに触発され、以前よりもニュースや新聞の政治面に注意を払うようになりました。ところが、そこに報道されていることに、いまいちピンとこない。考えてみればこれは当然で、私には、それを腑に落とすことができるに十分な知識が欠けていたわけです。先ほど「民主主義」などという概念を例に挙げましたが、その「民主主義」一つとってみても、きちんと自分の言葉で説明できるわけではなかった。ですから私は、書店に行き、高校の政治経済の教科書を購入しました。そしてそれを、ノートにまとめながら読み込んだんですね。すると、見えてくる。ニュースの声や新聞の活字の向こうに、そこに語られる問題が、くっきりとつかみとれる。

例えば、「内閣提出法案」をめぐる④-1問題があります。重要な法案のほとんどが、内閣から提出されており、議員の提案によって制定される議員立法が極端に少ないという④-2問題が生じている……と言われても、かつての私なら、「ふーん……」で終わりでした。でも、政治経済の教科書で三権分立制の内容を復習すると、「これはちょっとマズい！」と思える。⑤世の中に広く知れ渡っており皆様もご存じの通り、日本の政治は、〈立法権→国会〉〈行政権→内閣〉〈司法権→裁判所〉となっており、三者が互《たが》いに抑制《よくせい》し合ってそれぞれの機関の独立性を維持《いじ》するシステムをとっています。そしてこの中で、国会は「国の唯一《ゆいいつ》の立法機関」とされている。ところが実際には議員立法は少なく、法案の大半が内閣提出法案であるのです。すなわちこの現状は、国会が「唯一の立法機関」であるという原則、あるいは三権分立という⑥政治がどうあるべきかについての根本的な考え方を動揺《どうよう》させる原因となり得るわけですね。これは問題だ、ということで、私も当ブログやあちこちのメディアで、この現状に問題提起をしてきました。もちろん私の活動など微力も微力ですが、しかし少なくとも、政治経済の教科書を復習しなおすことで、「主体性」をもって政治にかかわれるようになったことは間違いありません。

このように、知識というものは、「主体性」をもって発言したり、考えたり、活動していくうえで必須の条件となるのです。そしてそれを所持するためには、やはりどうしたって、「暗記」という方法は避けては通れません。

未来を担う若者たちが主体性を獲得していくことは、教育における大切な目標とすべきでしょう。そしてそのためには、「知識の暗記」というプロセスが欠かせない。「主体性」の重要性が唱えられる今こそ、「暗記」にまつわる負のイメージを払拭し、より積極的に知識を吸収できるような教育体制を構築することが求められるのではないでしょうか。

倉内 どうでしょうか……？

小池　……さすがです。こちらからお出しした指摘《してき》については、見事に解決なさっていますね！

倉内　それはとても嬉《うれ》しい……のですが、ただ、先生、ところどころ赤をお入れになってますよね……？　それはいったい、どういう……？

小池　ふむ……波線を引いた箇所のうち、〈③—1〉・〈③—2〉、および〈④—1〉・〈④—2〉についての意図は、おそらくご理解いただけたんじゃないですか…？

倉内　……同じ表現が重なっている、ということですね。

小池　おっしゃる通りです。いわゆる、表現の重複というやつですね。これが目立つと、表現がくどくなったり、あるいは稚拙《ちせつ》な感じになってしまったりするんです。

倉内　確かに。となるとここは……〈③—2〉の「表現した」を「まとめた」に、そして〈④—2〉の「問題」を「事態」に言い換《か》える、といった修正でどうでしょうか。

小池　それで問題ないと思います、

倉内　では、後の波線部は、いったいどういう……？

小池　はい。端的に言えば、これらの箇所は、表現がややくどいんですね。

倉内　くどい……長ったらしいということですか？

小池　さほど問題のある書き方というほどでもないのですが、でも、よりコンパクトにまとめてしまったほうが、おそらく読みやすくなる。

倉内　……というと？

小池　そうですね。例えば波線部①の「主張を言うような文章や発言」ですが、ここは「言説」という一語でだいたい同じような内容を表すことができます。そうすると、

修正前　そういった「主体性」を重んじる主張を言うような文章や発言のなかに

↓

修正後　そういった「主体性」を重んじる言説のなかに

となって、ほら、こちらのほうが文意もわかりやすくなりませんか？

倉内　確かに。

小池　波線部②に関しても、同じですね。「聞き古したようないかにもお約束の言い回し」

とありますが、ここは「常套句《じょうとうく》」「紋切《もんき》り型の言い回し」などと端的に言い換えることができる。

倉内 ……あ、それって私が〈論拠①〉に今回加筆してきた部分の、「数多くの言葉を知っていること」の大切さ、という考え方……。

小池 ですね。倉内さんご自身が、「社会においては、様々な思想や信仰を持ついろいろな出自の人間が、それぞれの生を当然のものとして生きる権利がしっかりと守られていることが大切だ」を「多様な生が保障される社会が望ましい」とまとめたほうがよい、そしてそのためには、「多様」や「保障」などの語彙が必須とおっしゃっている。まさに、その観点をこれらの箇所にも応用したわけです。

倉内 なるほど……！

小池 波線部⑤「世の中に広く知れ渡っており皆様もご存じの通り」は「周知の通り」、波線部⑥「政治がどうあるべきかについての根本的な考え方」は「政治の理念」などと、うまいこと表現を圧縮することができます。

倉内 おっしゃる通りです。やはり語彙を数多く仕入れておくことは、表現力の要となるのですね。

小池　まさに。そして、先ほど指摘した〈③－1〉・〈③－2〉、および〈④－1〉・〈④－2〉における表現の重複においても、それを修正するためには、ペアとなる表現のどちらかを他の言い方に置き換えねばならないわけですから、こちらも結局は、語彙の問題ということになるわけです。

表現という観点から見た語彙というものの重要性は、おわかりいただけたかと思います。では、具体的にどのように言葉のストックを増やしていけばいいのか。

この点を考察するにあたって、いわゆる文学作品ではない一般《いっぱん》的な文章を書くうえでとくに押《お》さえておきたい語彙が、熟語、と呼ばれるものであることをまずは強調しておきます。なおここで述べる熟語の定義は、

二つ以上の漢字が結合して一語として用いられるようになったもの。

（『明鏡国語辞典』より）

とご理解ください。例えば、「着陸」「学校」なども熟語ですし、先ほど倉内さんの文章を修

正するうえで用いた「言説」「常套句」なども、もちろん熟語です。

それならなぜ熟語が大切なのか。

それは熟語というものが、多く、〝抽象的《ちゅうしょう》な概念〟を表すのにふさわしい言葉であるからです。〝抽象的な概念〟を表す語句をたくさん知っておけば、長ったらしい冗長な表現も、

他に比較《ひかく》する対象がないほどに正しい　↓　**絶対**的に正しい

などとコンパクトに、かつわかりやすく言い換えることができるわけです。

以上に鑑《かんが》みて、とりわけ熟語を中心に語彙を増やしていくことを強く推奨《すいしょう》します。そしてそこで大切になるのが、「意味調べノート」の作成なのですね。

日々の読書（本・新聞など）を通じて出会った未知の熟語の意味を、辞書で調べてノートにまとめる。さらに、隙間《すきま》時間を利用し、そのノートを何度も見返す。もちろんカードでもいいし、スマートフォンのメモ帳でもかまいません。自分が最も復習しやすい媒体《ばいたい》を選んでくださ い。ただしその際、単に語句とその定義をまとめるだけではなく、

絶対…他に比較する対象がない。
(例) 科学は、自然界に潜《ひそ》む絶対的な真理を追究してきた。
関連知識対義語＝相対…他との関係・比較において存在・成立する。

などと、その熟語にまつわる関連知識（類義語・対義語、その熟語を構成する漢字それ自体の意味など）や、その熟語が実際に用いられている例文なども書き写しておくと、その熟語の理解や定着もより確実なものとなるはずです。なお例文に関しては、文章や辞書に載《の》っていたものをそのまま転写するようにしましょう。自分で考えてしまうと、誤用してしまう可能性もあるので。

読書以外でも、例えば中高生・受験生なら、漢字テストの勉強で出会った熟語について作成するのもかなり効果的な学習になるはずです。

文章作法・その15

語彙は表現力の要。「意味調べノート」を作成し、たくさんの言葉を自分のものとする！

「意味調べノート」以外にも、高校生以上なら、大学受験用の評論キーワード集などを読むのもありでしょう。僕《ぼく》の信頼《しんらい》する先生もご執筆《しっぴつ》に加わっておられる、『イラストとネットワーキングで覚える　現代文単語　げんたん』(いいずな書店)などがおすすめです。また、大学生以上の方であれば、石黒圭《いしぐろけい》『語彙力を鍛《きた》える　量と質を高めるトレーニング』(光文社新書)は挑戦してみてほしいですね。語彙を増やすためのバックグラウンドを手に入れることができます。

では、最後に倉内さんの完成原稿を紹介《しょうかい》しておきます。ぜひご熟読ください。

【文章3】

昨今の教育改革では、「主体性」という言葉が金科玉条の理念として語られています。

では、そもそも「主体性」とはいったいどのような概念なのでしょうか？　以下に、辞書の定義を引用してみましょう。

他から影響されることなく、自分の意志や判断によって行動しようとする性質・態度。

（『明鏡国語辞典』より）

なるほど、様々な情報や選択肢にあふれている現代社会においては、周囲の声にまどわされることなく、「自分の意志や判断」にもとづく「行動」が求められるのは間違いありません。しかし、そういった「主体性」を重んじる言説のなかに、しばしば「知識を暗記する」というこれまでの教育を否定するような言葉を見聞きすることがある。私は、そうした常套句《じょうとうく》には、やはり首をかしげてしまうのですね。

私たちはしばしば、議論ということをします。私たちの生きる社会が民主主義によって成り立っている以上、市民の一人一人が自らの意見を持ち、それを他者と交換することによって民意というものを形成していくことは、非常に大切なプロセスになりますからね。しかしその際、自らの言葉を他者に聞いてもらうためには、大前提として、自分の意見や考えを伝えるための語彙を持っていなければいけない。例えば、「社会においては、様々な思想や信仰を持ついろいろな出自の人間が、それぞれの生を当然のものとして生きる権利がしっかりと守られていることが大切だ」などとダラダラ表現するよりも、「多様な生が保障される社会が望ましい」と端的にまとめたほうが、相手に意図も伝えやすく、より活発な議論が展開されるはずです。けれども、それを可能とするためには、「多様」あるいは「保障」等の語彙を仕入れておかねばなりません。このように、「主体性」をもって議論に臨むには、数多くの言葉を知っていることが必要となるのですね。

近年、政治というものに対する市民一人一人の積極的なかかわりの重要性を訴える声が、SNS等でも強くなってきています。私もそれに触発され、以前よりもニュースや新聞の政治面に注意を払うようになりました。ところが、そこに報道されていることに、いまいちピンとこない。考えてみればこれは当然で、私には、それを腑に落とすことができるに十分な知識が欠けていたわけです。先ほど「民主主義」などという概念を例に挙げましたが、その「民主主義」一つとってみても、きちんと自分の言葉で説明できるわけではなかった。ですから私は、書店に行き、高校の政治経済の教科書を購入しました。そしてそれを、ノートにまとめながら読み込んだんですね。すると、見えてくる。ニュースの声や新聞の活字の向こうに、そこに語られる問題が、くっきりとつかみとれる。

例えば、「内閣提出法案」をめぐる問題があります。重要な法案のほとんどが、内閣から提出されており、議員の提案によって制定される議員立法が極端に少ないという事態が生じている……と言われても、かつての私なら、「ふーん……」で終わりでした。でも、政治経済の教科書で三権分立制の内容を復習すると、「これはちょっとマズい！」と思える。周知の通り、日本の政治は、〈立法権→国会〉〈行政権→内閣〉〈司法権→裁判所〉となっており、三者が互いに抑制し合ってそれぞれの機関の独立性を維持するシステムをとっています。そしてこの中で、国会は「国の唯一の立法機関」とされている。ところが実際には議員立法は少なく、法案の大半が内閣提出法案であるのです。すなわちこの現状は、国会が「唯一の立法機関」であるという原則、あるいは三権分立という政治の理念を動揺させる原因となり得るわけですね。これは問題だ、ということで、私も当ブログやあちこちのメディアで、この現状に問題提起をしてきました。もちろん私の活動など微力も微力ですが、しかし少なくとも、政治経済の教科書を復習しなおすことで、「主体性」

をもって政治にかかわれるようになったことは間違いありません。

このように、知識というものは、「主体性」をもって発言したり、考えたり、活動していくうえで必須の条件となるのです。そしてそれを所持するためには、やはりどうしたって、「暗記」という方法は避けては通れません。

未来を担う若者たちが主体性を獲得していくことは、教育における大切な目標とすべきでしょう。そしてそのためには、「知識の暗記」というプロセスが欠かせない。「主体性」の重要性が唱えられる今こそ、「暗記」にまつわる負のイメージを払拭し、より積極的に知識を吸収できるような教育体制を構築することが求められるのではないでしょうか。

06 読書のススメ

渡辺さん

この回は、**第1部6章説得力のある書き方とは？②**の続きになっています。町内会で〈やさしい日本語〉の勉強会や導入の必要性を提言しようと考える渡辺さんでしたが、それでは例によって、前回提出された文章を確認《かくにん》してみましょう。

【文章1】

町内会の皆様《みなさま》へご提案いたします。わが○○町でも、ぜひ、〈やさしい日本語〉の導入について検討してみませんか？

近年この○○町にも海外から来られた方が増えてきましたが、その数は、これからますます増加していくことと思われます。わが町でも、多文化共生は、活気ある町づくりのためにも大切な課題となるはずです。

ここで重要になってくるのが、海外から来られた方々とのコミュニケーションをどうとるか、ということです。

公益財団法人しまね国際センターのホームページには、〈やさしい日本語〉の使い方が、具体的に紹介《しょうかい》されています。以下、少しだけ引用しておきたいと思います。

「やさしい日本語」の作り方

文・語彙《ごい》 単語や文の構造を簡単に、分かりやすく！

情　報 必要に応じて説明を加え、相手に理解しやすく！

以上の原則をもとにしたさらに具体的な「作り方」があるのですが、それを応用すると、あまり日本語に慣れていない外国人にも読めるような書き方にすることができる、というわけですね。

今後ますます加速するはずの在留外国人の増加を背景として、彼らと共に生き、よりよき社会を導くうえで、こうした〈やさしい日本語〉を導入することは、とても重要な意味を持つことになるはずです。

私たち〇〇町もまた、〈やさしい日本語〉の勉強会などを定期的に開催《かいさい》し、例えば町内会の会報、各種掲示《けいじ》物——ゴミ出しのルール、災害時における避難《ひなん》所や避難経路、お祭りや各種イベントの告知、子育てサークルなど——について、徐々《じょじょ》にこの〈やさしい日本語〉による表記を取り入れていくべきではないでしょうか。

この文章に対しての課題が、まずは、

文章作法・その8

〈論拠《ろんきょ》〉はできるかぎり具体的に記述せよ！

という観点から、〈やさしい日本語〉の具体的な使用例を紹介することでした。そしてさらに、

文章作法・その9

［学術的・公共的な文献《ぶんけん》や資料］を用いると、〈論拠〉の普遍《ふへん》性・客観性は当然高くなる！

という法則を踏《ふ》まえ、例えば専門書などを読み、〈やさしい日本語〉のコンセプトや学問的な定義、あるいは効果などをもう少し詳しく説明することもポイントでしたね。

小池 どうです？　課題はクリアできましたか？

渡辺 バッチリですよ！　……たぶん（笑）

小池 ふふふ……〈やさしい日本語〉、僕《ぼく》も前回渡辺さんに教えていただき、「これは確かに広めていくべき！」と思いました。だから、ちょっと厳しめに添削《てんさく》しますよ？

渡辺 望むところです（笑）

【文章２】

＊塗り潰していない部分が、今回渡辺さんが追加・修正した記述です。

町内会の皆様へご提案いたします。わが○○町でも、ぜひ、〈やさしい日本語〉の導入について検討してみませんか？

近年この○○町にも海外から来られた方が増えてきましたが、その数は、これからますます増加していくことと思われます。わが町でも、多文化共生は、活気ある町づくりのためにも大切な課題となるはずです。

ここで重要になってくるのが、海外から来られた方々とのコミュニケーションをどうとるか、ということです。日本語教育・日本語学の研究者である庵《いおり》功雄《いさお》氏は、以下のように述べています。

外国人が地域社会で生活するようになったとき、地域社会の日本人（日本語母語話者）との間でコミュニケーションをするための言語（「地域社会の共通言語」）が必要になります。(中略) それでは、地域社会における共通言語になり得るのはどのようなことばなのでしょうか。結論から言うと、地域社会の共通言語になり得るのは、〈やさしい日本語〉だけなのです。

同書のなかで筆者は、〈やさしい日本語〉を、「私たちがふだん何の調整も加えないで使っている日本語ではなく、相手の日本語能力に合わせて調整した」日本語のこと、と説明しています。確かに、一言で「外国人」とは言っても、彼らの母語はそれぞれの出身によって異なるわけであり、例えば英語などメジャーな言語を共通言語にするわけにもいきません。とはいえ、「私たちがふだん何の調整も加えないで使っている日本語」も、例えば漢字や語彙、文法など、すぐには習得できないややこしい側面が多々あります。ですから、「相手の日本語能力に合わせて調整」した〈やさしい日本語〉を、ということになるわけです。

公益財団法人しまね国際センターのホームページには、この〈やさしい日本語〉の使い方が、具体的に紹介されています。以下、少しだけ引用しておきたいと思います。

「やさしい日本語」の作り方

文・語彙　単語や文の構造を簡単に、分かりやすく！

情　報　必要に応じて説明を加え、相手に理解しやすく！

以上の原則をもとにしたさらに具体的な「作り方」があるのですが、それを応用すると、例えば、

今朝、5時32分、中国地方で強い地震がありました。気象庁は今後も最大で震度5までの地震が起きる可能性があるとして注意を呼びかけています。

という一般《いっぱん》的な日本語が、

今日《きょう》の　朝《あさ》　5時《じ》32分《ふん》　中国地方《ちゅうごくちほう》で　大《おお》きい　地震《じしん》が　ありました。この後《あと》も　大《おお》きい　地震《じしん》が　くるかもしれません。注意《ちゅうい》して　ください。

などとなるわけです。

今後ますます加速するはずの在留外国人の増加を背景として、彼らと共に生き、よりよき社会を導くうえで、こうした〈やさしい日本語〉を導入することは、とても重要な意味を持つことになるはずです。

私たち〇〇町もまた、〈やさしい日本語〉の勉強会などを定期的に開催し、例えば町内会の会報、各種掲示物——ゴミ出しのルール、災害時における避難所や避難経路、お祭りや各種イベントの告知、子育てサークルなど——について、徐々にこの〈やさしい日本語〉による表記を取り入れていくべきではないでしょうか。

かなり説得力が増したと思いませんか？

まず、「日本語教育・日本語学の研究者である庵功雄氏」の言葉を引用し、〈やさしい日本語〉の必要性を学術的な観点から裏付けることに成功しています。

さらに、「しまね国際センター」のホームページから、〈やさしい日本語〉の実際の運用例も引用することができている。付け加えるなら、そこに選んだ事例が災害時のものであった点も、〈やさしい日本語〉の重要性をアピールするうえで、相応の効果をもたらしているはずです。

小池　とてもいいですね！

渡辺　あら！　嬉《うれ》しい（笑）

小池　少なくとも前回指摘《してき》した点については、かなり高いレベルでクリアできていると思います。

渡辺　ありがとうございます。

小池　ただし、いくつか修正ポイントはあります。

渡辺　あらら……。

小池　まず、庵功雄氏の言葉を引用していますけれど、引用元の書名を示していないのに、「同書のなかで筆者は」と述べてしまっているのはまずい。

渡辺　あ、本当。うっかりしてた。

小池　今、書名はわかります？　正式なタイトルと、あとは出版社。

渡辺　わかります。タイトルは『やさしい日本語——多文化共生社会へ』で、出版社は岩波書店ですね。

小池　新書ですか？

渡辺　あ、そうですそうです。

小池　発行された年はわかります？

渡辺　ちょっとスマホで調べてみますね……あ、2016年です。

小池　ならば、「日本語教育・日本語学の研究者である庵功雄氏は、以下のように述べています。」という記述の頭に「注1」と記して、文章を閉じた後に、

（注）1　庵功雄『やさしい日本語——多文化共生社会へ』（岩波書店、2016）

などと注をつけておきましょう。

渡辺　なるほど……ということは、「しまね国際センター」のホームページの資料についても、もう少しきちんと注で説明したほうがいいですね。

小池　ですね。あと、ホームページなどのネット情報は、URLも明記しておいたほうがよ

いでしょう。何かしらの文章や資料を引用する際には、文中か注に、その出典を示しておくことはとても大切なマナーなんですよ。それにそのほうが、〈論拠〉としての信憑《しんぴょう》性も高まりますからね。

渡辺 なるほど。センセ、他には何かございます？

小池 はい。これはミスというより、さらに論に説得力を持たせるための案なのですが、

近年この○○町にも海外から来られた方が増えてきましたが、その数は、これからますます増加していくことと思われます。

という箇所《かしょ》、ここを単なる主観や憶測《おくそく》ではなく、そうですね、官公庁の公開しているデータなどに基《もと》づいて記述すれば、読んだ人は、「なるほど、皮膚《ひふ》感覚ではなく、本当に海外からくる人が増えているんだ！」と納得《なっとく》することができます。

渡辺 確かに……そうして、そのほうが、「だから〈やさしい日本語〉が必要！」という〈主張〉も、より腑《ふ》に落ちるようになる、と。

小池 まさに。

渡辺　わかりました。じゃあ、ちょっと自習室、お借りしますね。一気に完成させてしまいます。できるだけ早く、町内会に提案したいもの。

小池　がんばってください！

（1時間ほど経過）

渡辺　できました！　これでどうかしら？

【文章3】

町内会の皆様へご提案いたします。わが○○町でも、ぜひ、〈やさしい日本語〉の導入について検討してみませんか？

（注1）出入国在留管理庁の資料によると、1985（昭和60）年末には約85万人だった在留外国人数は、2019（令和元）年末には約293万人に増えています。さらに、政府は2019年4月から不足する労働力を補うために特定技能を有する外国人労

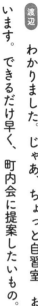

働者の受け入れを開始しました。そのため、わが国に住む外国人の数は、今後ますます増えていくことは間違《まちが》いありません。もちろん○○町にもすでに多くの海外からいらした方が在住されていますが、こうした背景を受け、その数は当然増加していくでしょう。出入国在留管理庁の同資料は「我《わ》が国の経済社会の活性化や一層の国際化を図《はか》る観点」からこうした政策の重要性を訴《うった》えていますが、私たち○○町においても、多文化共生は、活気ある町づくりのためにもこれからの大切な課題となるはずです。

ここで重要になってくるのが、海外から来られた方々とのコミュニケーションをどうとるか、ということです。(注2)日本語教育・日本語学の研究者である庵功雄氏は、以下のように述べています。

> 外国人が地域社会で生活するようになったとき、地域社会の日本人（日本語母語話者）との間でコミュニケーションをするための言語（「地域社会の共通言語」）が必要になります。（中略）それでは、地域社会における共通言語になり得るのはどのようなことばなのでしょうか。結論から言うと、地域社会の共通言語にな

り得るのは、〈やさしい日本語〉だけなのです。同書のなかで筆者は、〈やさしい日本語〉を、「私たちがふだん何の調整も加えないで使っている日本語ではなく、相手の日本語能力に合わせて調整した」日本語のこと、と説明しています。確かに、一言で「外国人」とは言っても、彼らの母語はそれぞれの出身によって異なるわけであり、例えば英語などメジャーな言語を共通言語にするわけにもいきません。とはいえ、「私たちがふだん何の調整も加えないで使っている日本語」も、例えば漢字や語彙、文法など、すぐには習得できないややこしい側面が多々あります。ですから、「相手の日本語能力に合わせて調整」した〈やさしい日本語〉を、ということになるわけです。

(注3)公益財団法人しまね国際センターのホームページには、この〈やさしい日本語〉の使い方が、具体的に紹介されています。以下、少しだけ引用しておきたいと思います。

「やさしい日本語」の作り方

文・語彙　単語や文の構造を簡単に、分かりやすく！
情　報　必要に応じて説明を加え、相手に理解しやすく！

以上の原則をもとにしたさらに具体的な「作り方」があるのですが、それを応用すると、例えば、

今朝、5時32分、中国地方で強い地震がありました。気象庁は今後も最大で震度5までの地震が起きる可能性があるとして注意を呼びかけています。

という一般的な日本語が、

今日《きょう》の 朝《あさ》 5時《じ》32分《ふん》 中国地方《ちゅうごくちほう》で 大《おお》きい 地震《じしん》が ありました。この後《あと》 も 大《おお》きい 地震《じしん》が くるかもしれません。注意《ちゅうい》して ください。

などとなるわけです。

今後ますます加速するはずの在留外国人数の増加を背景として、彼らと共に生き、よりよき社会を導くうえで、こうした〈やさしい日本語〉を導入することは、とても重要な意味を持つことになるはずです。

私たち○○町もまた、〈やさしい日本語〉の勉強会などを定期的に開催し、例えば町内会の会報、各種掲示物――ゴミ出しのルール、災害時における避難所や避難経路、お祭りや各種イベントの告知、子育てサークルなど――について、徐々にこの〈やさしい日本語〉による表記を取り入れていくべきではないでしょうか。

（注）1 出入国在留管理庁「新たな外国人材の受入れ及《およ》び共生社会実現に向けた取組」による。
http://www.moj.go.jp/content/001293198.pdf
2 庵功雄『やさしい日本語――多文化共生社会へ』（岩波新書 二〇一六年）
3 公益財団法人しまね国際センター「『やさしい日本語』の手引き」
https://www.sic-info.org/wp-content/uploads/2014/02/easy_japanese.pdf

適切な修正と言えるのではないでしょうか？ まず、出入国在留管理庁の資料、『やさしい日本語――多文化共生社会へ』、しまね国際センターのパンフレットについて、その出典をしっかりと明記することができました。そして何より、出入国在留管理庁の資料を参照し、

出入国在留管理庁の資料によると、1985（昭和60）年末には約85万人だった在留外国人数は、2019（令和元）年末には約293万人に増えています。さらに、政府は2019年4月から不足する労働力を補うために特定技能を有する外国人労働者の受け入れを開始しました。そのため、わが国に住む外国人の数は、今後ますます増えていくことは間違いありません。もちろん○○町にもすでに多くの海外からいらした方が在住されていますが、こうした背景を受け、その数は当然増加していくでしょう。（後略）

と、海外から来られる方が増えつつあり、今後もそうなるであろうことを、客観的な事実として記述することができています。これなら確かに、彼らとコミュニケーションをとることの必要性、そしてそのためには〈やさしい日本語〉が不可欠であるという〈**主張**〉も、より説得力を増すというものです。

小池　最高です！

渡辺　わーい！（笑）

小池　町内会での〈やさしい日本語〉の導入、ぜひ実現させてくださいね！　僕もきちんと勉強してみたいと思います。

渡辺　お任せください！

さて、繰《く》り返しになりますが、文章を書く際に［学術的・公共的な文献や資料］を用いると、〈論拠〉の普遍性・客観性は当然高くなり、結果として〈主張〉の説得力も増すことになります。そしてこのことを実践《じっせん》するうえで最も意識すべき点が、

書物や新聞を読むことを習慣化する

ということなのですね。つまりは、毎日読書をする、ということです。

では、なぜ読書が大切なのか？

それはもちろん、日々の読書を通じて［学術的・公共的な文献や資料］に触《ふ》れておくことで、いざ何か文章を書こうという際に、「あの本のあの記述は使えるかもしれない！」「今回の主張を論証するには、以前読んだあの本が良さそうだな」「この前スクラップしておいた新聞記事、今回の文章の〈**論拠**〉にぴったりだぞ！」などと反応しやすくなるからです。逆にいえば、然《しか》るべき書物などに日々目を通していない人にとっては、〈**論拠**〉としての［学術的・公共的な文献や資料］を探すことは、相当にハードな作業となるでしょう。

ですから、良い文章を書くためには、「然るべき書物」をこつこつと読んでいくことが不可欠なのですね。

というわけで、ここで「然るべき書物」について、ざっと紹介しておきたいと思います。新聞は、いわゆるクオリティペーパーならどれでも大丈夫《だいじょうぶ》だとは思いますが、問題は書物ですよね。

学術性が保証されており、しかしながら僕たち一般人にも手を出せる内容のもの。となれば、やはり新書が無難なチョイスになると思います。

例えば、岩波新書・中公新書・講談社現代新書・ちくま新書・平凡社新書……などであれば、右の条件に即《そく》した一冊を見つけることもできるでしょう。

ただ、これらの新書のなかには、実は「これは新書で出してはイカン！　難解すぎて僕ら一般人にはムリ！」というものも少なからずあるので、書店で内容を確認してから購入《こうにゅう》するのがよいかもしれません。

あるいは、岩波ジュニア新書・ちくまプリマー新書あたりの、いわゆる中高生を対象読者に含《ふく》むレーベルも、実は骨太のコンテンツであることが多い。大人が教養を身につけるためのシリーズとして、十分すぎるほどに貢献《こうけん》してくれるはずです。

科学や医学などの知見を深めたい人には、講談社ブルーバックスというシリーズがオススメです。また、歴史に興味のある人は、これは新書ではないですが、山川出版社の日本史リブレット／世界史リブレットのシリーズを読んでみるとよいでしょう。

付け加えるなら、もし時間的に余裕《よゆう》があるなら、読んだ本の内容についてメモや抜《ぬ》き書きなどをしておくことをおすすめします。いわゆる、ネタ帳ですね。そういった情報を数多くストックしておけば、いざ文章を書く際に、適切な論証材料を見つけやすくなることは間違いありません。

もちろん、文章を書くという営みにおける読書の効用は、単に［学術的・公共的な文献や資料］へのアプローチという点にとどまるものではありません。

例えば、今回を含む本書の**第2部**には「**表現編**」というタイトルを付けましたが、結局のところ、表現力を磨くうえで最も大切になるのは、数多くの良書に触れ、そこに書かれたすばらしい表現を身体にしみこませることです。

あるいは、前回**5章 言葉をたくさん知るということ**では語彙の重要性を説明しましたが、その際に「意味調べノート」の作成を強く推奨《すいしょう》したはずです。そしてそこで、

> 日々の読書（本・新聞など）を通じて出会った未知の熟語の意味を、辞書で調べてノートにまとめる。さらに、隙間《すきま》時間を利用し、そのノートを何度も見返す。もちろんカードでもいいし、スマートフォンのメモ帳でもかまいません。自分が最も復習しやすい媒体《ばいたい》を選んでください。

と述べたわけですが、「日々の読書（本・新聞など）を通じて出会った未知の熟語の意味を、辞書で調べてノートにまとめる」ためには、そもそも「日々の読書」を継続《けいぞく》的に実践していくことが絶対的な条件になるはずです。

書くために読む。

読書こそが、文章を書くうえで最も大切な土台となることを、この第**2**部の最後に強調しておきたいと思います。

文章作法・その16

読書＝書くことの土台！

おわりに

〝出会い〟というものは、本当に不思議ですよね。

皆さんにも、きっと、自分にとってかけがえのない誰かしら、あるいは何かしらとの〝出会い〟というものがあると思います。

今からだいたい四半世紀前のことです。

まだ大学生だった僕は、遅い時間の授業を終え、友人と早稲田通りを歩いていました。すると僕らの横を、すっと人影が追い越していきます。その後ろ姿と特徴的な髪型で、すぐにそれが、卒業年度になったら卒論のご指導をたまわりたいと思っていた東郷克美先生――井伏鱒二や太宰治などの研究でご高名な先生です――であると気づきました。早歩きの先生が遠く離れてしまう前に、僕らは、「こんにちは」とあいさつしました。すると先生は、くるりとこちらを振り返り、しばしの沈黙のあと、「……君ら、ちょっと飲みにいこうか」と誘ってくださったのです。

思えば、教授や大学の先生と少人数で飲みにいったのは初めての経験です。僕らはカチコチになって、夏目坂と呼ばれる坂のふもとにあった地下の居酒屋の、座敷の部屋に正座していました。とりわけ僕は、東郷先生のゼミへの参加を望んでいましたから、その緊張もひとしおです。

けれどもこんなチャンスはめったにあるもんじゃない。

僕は、勇気をふりしぼって、卒論は先生のゼミで書きたいということをお伝えし、そしてそのためには今、何をやっておくべきか、相談してみたのです。すると先生は、

「んー……、そうだね。イシハラの授業と、あとイチゲの授業をとっておくといいよ」

と教えてくださいました。

「イシハラ」とおっしゃったのは、当時新進気鋭の漱石研究者として名をはせていらした、〝カミソリ千秋〟こと、石原千秋先生のこと。そして、「イチゲ」とおっしゃったのが、もちろん、本書の土台となるメソッドをご教授くださった、市毛勝雄先生のことです。

僕はその次年度、当然、石原先生と市毛先生のご講義を受講しました。そして市毛先生の「国語科教育法」で、「はじめに」で述べたようなご指導をたまわり、本書の核となるような考え方を手に入れることができたわけです。

あの夕刻の早稲田通りでの、東郷先生への何気ないごあいさつが、めぐりめぐって、本書の執筆へとつながってゆく。

繰り返しますが、〝出会い〟とか縁と呼ばれるものは、本当に、何かしらロマンめいたものを感じてしまうほどに、不思議なものです。そして、僕があの日の〝出会い〟をきっかけに、今こうして生徒を指導したり本を書いたりして生きていられるように、〝出会い〟というのは、ときに、人の一生を左右するような、大切な大切な契機となるものなのですよね。

本書の最後に、ぜひ、皆さんにお伝えしたいことがあります。

それは、〝文章を書く〟という営みは、場合によっては、自分の運命を変えるほどの大きな出会いにつながる可能性を持つということです。

僕は、市毛先生との〝出会い〟によって学んだ文章作法を通じ、数えきれないほどの生徒たちと出会ってきました。

それに近年では、SNS上でのやりとりを経て日本近代文学研究者であられる紅野謙介先生からご依頼を頂戴し、『どうする？　どうなる？　これからの「国語」教育』（幻戯書房）に寄稿する機会をいただきました。そしてその執筆を通じて出会うことのできた何名かの先生方と、今でもやりとりをさせていただいています。

あるいは、僕はｎｏｔｅというメディアを利用して、そこに読書案内や現代文の学習法などを公開しているのですが、それらを読んでくださった方々から、お声をかけていただいたり、あるいは書籍や記事の執筆、インタビュー、講演等のご依頼なども頂戴しております。

実は本書執筆のきっかけもまた、僕の書いたものに注目してくださった編集者の方から、「文章作法についての本を書いてみないか?」とお話をいただいたことなのですね。

このように、〝文章を書く〟という営みは、真摯に取り組んでいさえすれば、皆さんに様々な〝出会い〟をもたらしてくれるものなのです。

そしてしつこいようですが、その〝出会い〟は、もしかしたら、皆さんの一生を左右するような、運命的なものであるかもしれません。

ぜひ、〝文章を書く〟ことを楽しんでみてください。

近い将来必ず訪れる、〝書くこと〟を通じた〝出会い〟に、胸を高鳴らせながら。

本書がもしそのための一助たりえたなら、書き手としてこれ以上に嬉しいことはありません。

末筆ながら、本書執筆に至るまでのすべての〝出会い〟に、心より感謝申しあげたく思います。本当に、ありがとうございました。

二〇二〇年　夏　本書を通じた皆さんとの〝出会い〟に、胸を高鳴らせながら

小池陽慈

引用・参考資料

● 市毛勝雄
『間違いだらけの文章作法　――若い教師のための論文入門――　教育新書25』（明治図書出版、1986年）

● 市毛勝雄編　日本言語技術教育学会東京神田支部
『論理的思考力を育てる段落指導用（リライト）教材修正』（明治図書出版、2002年）

● 石黒圭『文章は接続詞で決まる』（光文社、2008年）
『語彙力を鍛える　量と質を高めるトレーニング』（光文社、2016年）

● 庵功雄『やさしい日本語――多文化共生社会へ』（岩波書店、2016年）

● 出入国在留管理庁「新たな外国人材の受入れ及び共生社会実現に向けた取組」（2020年）http://www.moj.go.jp/content/001293198.pdf

● 公益財団法人しまね国際センター『「やさしい」日本語の手引き』（2014年）https://www.sic-info.org/wp-content/uploads/2014/02/easy_japanese.pdf

● プラトーン『ソークラテースの弁明・クリトーン・パイドーン』（田中美知太郎・池田美恵訳、新潮社、1968年）

● 太宰治『太宰治全集3』「走れメロス」（筑摩書房、1988年）
『ヴィヨンの妻』「親友交歓」（新潮文庫、1950年）

● 夏目漱石『夏目漱石全集3』「草枕」（筑摩書房、1987年）

● 萩原朔太郎『月に吠える』「悲しい月夜」（思潮社現代詩文庫、1975年）

● エーリッヒ・フロム『自由からの逃走　新版』（日高六郎訳、東京創元社、1952年）

● 『デジタル大辞泉』（小学館）

● 『大辞林 第三版』（三省堂）

● 『精選版　日本国語大辞典』（小学館）

● 『明鏡国語辞典　第二版』（大修館書店）

一生ものの
「発信力」をつける！
14歳からの
文章術

2020年10月30日　初版第1刷発行
2023年３月20日　初版第3刷発行

著者　小池陽慈
イラスト　中山信一
発行者　池田圭子
発行所　笠間書院
〒101-0064
東京都千代田区神田猿楽町2-2-3
電話03-3295-1331　FAX03-3294-0996

ISBN 978-4-305-70929-5

アートディレクション ── 細山田光宣
装幀・デザイン ──── 鎌内文（細山田デザイン事務所）
本文組版 ────── RUHIA
印刷／製本 ───── モリモト印刷

小池陽慈（こいけ　ようじ）

1975年生まれ。河合塾現代文講師。早稲田大学教育学部国語国文科卒業後、同大学大学院教育学研究科修士課程中退。2022年４月、放送大学大学院人文学プログラム修士課程入学。単著に、『〝深読み〞の技法　世界と自分に近づくための14章』（笠間書院）、『世界のいまを知り未来をつくる 評論文読書案内』（晶文社）、『現代評論キーワード講義』（三省堂）など。難波博孝監修『論理力ワーク ネクスト』（第一学習社） 等の共著もある。また、紅野謙介編『どうする？どうなる？これからの「国語」教育』（幻戯書房）や庵功雄編『「日本人の日本語」を考える プレインランゲージをめぐって』（丸善出版） 等に論考も寄せている。情報発信サービス「note」で、読書案内等の記事を公開中。
https://note.com/gendaibun